A FARMÁCIA DE AYN RAND

DOSES DE ANTICOLETIVISMO

DENNYS G. XAVIER

A FARMÁCIA DE
AYN RAND

DOSES DE ANTICOLETIVISMO

SÃO PAULO | 2021

Impresso no Brasil, 2021

Copyright © 2021 Dennys Garcia Xavier

Os direitos desta edição pertencem à
LVM Editora
Rua Leopoldo Couto de Magalhães Júnior, 1098, Cj. 46
04.542-001. São Paulo, SP, Brasil
Telefax: 55 (11) 3704-3782
contato@lvmeditora.com.br · www.lvmeditora.com.br

Editor Responsável | Dennys Garcia Xavier
Revisão ortográfica e gramatical | André Assi Barreto & Márcio Scansani
Revisão final | Vinícius Silva de Ulhôa Rocha & Carolina Butler
Preparação dos originais | Ivone Gomes de Assis
Índice remissivo e onomástico | Márcio Scansani / Armada
Capa | Mariangela Ghizellini
Projeto gráfico e diagramação | Carolina Butler

Dados Internacionais de Catalogação na Publicação (CIP)
Angélica Ilacqua CRB-8/7057

X18f	Xavier, Dennys Garcia
	    A farmácia de Ayn Rand : doses de anticoletivismo / Dennys Garcia Xavier — São Paulo : LVM Editora, 2021.
	    208 p.
	    Bibliografia
	    ISBN 978-65-8602-922-2
	    1. Ciências sociais 2. Ciência política 3. Filosofia 4. Liberalismo 5. Objetivismo I. Título II. Rand, Ayn, 1905-1982

21-0212	CDD 300

Índices para catálogo sistemático:
1. Ciências sociais 300

Reservados todos os direitos desta obra.
Proibida toda e qualquer reprodução integral desta edição por qualquer meio ou forma, seja eletrônica ou mecânica, fotocópia, gravação ou qualquer outro meio de reprodução sem permissão expressa do editor.
A reprodução parcial é permitida, desde que citada a fonte.

Esta editora empenhou-se em contatar os responsáveis pelos direitos autorais de todas as imagens e de outros materiais utilizados neste livro. Se porventura for constatada a omissão involuntária na identificação de algum deles, dispomo-nos a efetuar, futuramente, os possíveis acertos.

Conselho Acadêmico da LVM

Adriano de Carvalho Paranaíba
Instituto Federal de Educação, Ciência e Tecnologia de Goiás
(IFG)

Alberto Oliva
Universidade Federal do Rio de Janeiro (UFRJ)

André Luiz Santa Cruz Ramos
Centro Universitário IESB

Dennys Garcia Xavier
Universidade Federal de Uberlândia (UFU)

Fabio Barbieri
Universidade de São Paulo (USP)

Marcus Paulo Rycembel Boeira
Universidade Federal do Rio Grande do Sul (UFRGS)

Mariana Piaia Abreu
Universidade Presbiteriana Mackenzie

Paulo Emílio Vauthier Borges de Macedo
Universidade do Estado do Rio de Janeiro (UERJ)

Ubiratan Jorge Iorio
Universidade do Estado do Rio de Janeiro (UERJ)

Vladimir Fernandes Maciel
Universidade Presbiteriana Mackenzie

*Para Bárbara, por caminhar ao meu
lado, nesta frágil e magnífica odisseia
chamada vida.*

SUMÁRIO

Apresentação, 11
    Elaine Helena Barth de Souza (Nany Barth)

Proêmio, 15
    Dennys Garcia Xavier

PARTE I

Capítulo 1 — O Nascimento da Filosofia, 23
Capítulo 2 — Elementos Essenciais, 45

PARTE II

Capítulo 3 — O Objetivismo, 67
Capítulo 4 — A Ética Objetivista, 89
Capítulo 5 — O Coletivismo, 107
Capítulo 6 — O Racismo e o Capitalismo, 123
Capítulo 7 — A Felicidade, 141

Epílogo, 157

Apêndice, 165
    Diálogo sobre Ayn Rand com Dennys Xavier e Lara Nesteruk, 165

Referências Bibliográficas, 195

Sobre o autor, 199

Índice Remissivo e Onomástico, 201

APRESENTAÇÃO

São obras como esta que proporcionam lucidez e sabedoria para seguir, *vis-à-vis* com uma sociedade que se encanta com discursos e pautas autofágicos.

Vivemos em uma multidão carente de atitudes racionais – na qual o indivíduo é substituído por "grupos" ou "tribos" de diversas naturezas – em que precisamos, com frequência e intensidade, repisar o óbvio, relembrar princípios já esquecidos (ou mesmo instaurá-los) e onde a busca pela própria felicidade e pelo autointeresse é projetada como elemento incoerente, diante de dinâmica altruísta socialmente celebrada. Este livro abre portas decisivas para que a mediocridade sistêmica deixe de ser enaltecida, fazendo com que a racionalidade ganhe espaço, outra vez, e, para além disso, avance sobre terreno inexplorado.

Ayn Rand, por meio da sua filosofia, dá voz àqueles que não aceitam negociar caprichosamente os termos da sua existência; aos que acreditam na sua capacidade individual e não esperam reconhecimento por aquilo que não construíram. O Objetivismo de Rand nos permite ver a vida em sua ínsita constituição, sem distorção do real e sem esperar que esse mesmo real se molde aos nossos sentimentos ou desejos. Em definitivo, é *uma filosofia para viver na terra*, como Rand declara de modo emblemático.

Quando reconhecemos nossa responsabilidade perante a vida, passamos a agir de forma mais racional e objetiva, sem transferir a razão de ser de nossa felicidade para as mãos de terceiros e sem esperar que alguém faça por nós aquilo que é de nossa intransferível competência. Tornamo-nos conscientes das nossas limitações e capacidades, encarando as dificuldades como um processo natural e necessário para a nossa evolução. Deixamos de nos ver como vítimas e passamos a nos reconhecer como indivíduos autênticos, íntegros e capazes.

Ao sacrificarmos as nossas escolhas individuais, por outro lado, renunciando a valores estabelecidos por exercício de consciência focada, para agradar ou nos encaixar em determinados grupos, nos colocamos como coadjuvantes da nossa própria vida. Terceirizamos a possibilidade de escolha, fugimos da realidade e nos corrompemos nos termos de uma submissão ao sentimentalismo, quase sempre revestido por discurso altruísta.

Por muito tempo o altruísmo nos foi apresentado como o único caminho para uma vida virtuosa, vida na qual o sacrifício pelo "bem comum" se deixa entrever como a salvação de todos. Aceitamos culpas indevidas, balizadas por caprichos irracionais, que nos foram impostas em nome daquele "bem" –

algo que, na realidade, acaba por nos afastar de dados constitutivos da nossa própria natureza e, logo, de uma existência plena do que somos, de quem somos. Negociamos a nossa liberdade em prol de uma falsa sensação de segurança, de proteção de grupo e, não raro, esperamos por um salvador, um deus ou alguém mais, capaz de prover aquilo que acreditávamos estar para além de nossas possibilidades. Um erro indigno da condição humana, diria Rand.

Precisamos compreender, sempre com maior urgência, que os discursos coletivistas/altruístas constituem narrativa fantasiosa, desmerecedora de nosso ínsito repertório potencial, e que o sacrifício individual em prol de terceiros incapazes de assumir suas próprias responsabilidades não nos garantirá nenhum tipo de reconhecimento ou salvação, mas, sim, alimentará uma sociedade emocionalmente frágil, dependente e submissa.

A filosofia de Ayn Rand, o Objetivismo, com certeza lhe permitirá enxergar a vida de forma mais nítida em seus contornos, por vezes, nada intuitivos, mostrando que a sua liberdade jamais deve ser negociada e que a sua felicidade depende, no fim das contas, exclusivamente das suas escolhas.

"Liberdade (s.): Não pedir nada. Não esperar nada. Não depender de nada", diz Rand.

Uma vez mais, o querido professor Dennys Garcia Xavier nos presenteia com uma obra magnífica e esclarecedora. Um livro que nos permite evocar lucidez e coerência argumentativa fundamentais aos bons debates. Com o trabalho que realiza, além disso, Dennys nos oferece privilégio adicional, pois também atua como ponte entre pessoas que defendem a liberdade e acreditam que "a menor minoria na terra é o indivíduo".

Este livro é um verdadeiro presente.

Elaine Helena Barth de Souza (Nany Barth)

Brasília, dezembro de 2020.

PROÊMIO

Busco, ainda hoje, compreender o processo que me trouxe, de modo cada vez mais intenso, para perto de Ayn Rand. Sou um estudioso e professor de Filosofia Antiga, com percurso de pesquisa ancorado em autores como Heráclito, Parmênides, Empédocles, Sócrates, Platão, Aristóteles, aos quais – especialmente no caso desses dois últimos – dediquei meus maiores esforços, minhas mais intensas fadigas. Rand veio após quase uma década de docência na Academia e, antes ainda, de outros tantos anos como professor de ensino médio. Como quase sempre parece acontecer com essa autora, ela não chegou aos poucos, pedindo licença para, quem sabe, preencher algum espaço no templo dos grandes pensadores que me ocupavam até então: ignorando qualquer eventual resistência orgânica de minha parte, ela se impôs em meu horizonte especulativo e passou a ilustrar boa parte das minhas reflexões cotidianas. Não tenho motivos para não celebrar esse advento, antes pelo contrário: como é bom poder contar com Rand... com a sua sagacidade, a densa racionalidade da sua argumentação, o seu modo nada sutil de expor ideias que abalam e põem em dúvida convicções alimentadas por séculos – com a altivez e a potência próprias de espíritos agitadores –, de modo a calibrar uma ajustada compreensão da nossa existência no proceloso curso da história.

    Natural que eu reservasse parte do meu empenho intelectual, portanto, não apenas para compreender mais dessa filosofia denominada, por Rand, de "Objetivismo", mas também com grande alegria e entusiasmo, para divulgá-la ao máximo aos meus compatriotas. O Brasil tem muito a ganhar ao se dispor – com todas as naturais dificuldades desse processo de divulgação – a conhecer Ayn Rand de perto. No curso da nossa história, fomos tragados pelas formas mais vis de coletivismo, de discursos e ações estatizantes, totalitárias, de equívocos derivados de abordagens coletivistas, nocivamente altruístas e, por consequência, imersos num quadro grotesco, que faz do nosso país uma vítima contumaz e insistente de si. A "cura" para essa situação não é simples ou rápida. Estamos a nos bater contra elementos psicológicos enraizados no mais profundo de nossa identidade nacional, emoções primitivas, ressentimentos inconfessáveis, inveja, arrogância messiânica de "ungidos" voluntariosos desesperados pelo controle de consciências – e, no limite, contra a mais pura e simples ignorância. Rand é antídoto poderoso no combate a esses males. Ela dispõe de repertório incrivelmente eficaz, que anseia por aniquilar, por destruir, linha a linha, cada um deles e restituir aos indivíduos condição digna e altiva. Impossível ficar apático diante dele. Sei disso porque também experimento, não esporadicamente, o impacto do Objetivismo em minhas vivências pessoais, assim como acompanho um sem-número de amigos, colegas e alunos que sofrem ação desse mesmo *páthos*, dessa mesma afecção positiva. Fato é que ninguém se olha no espelho da mesma forma depois de ler Rand, não importa o quanto esteja disposto a ceder (mais ou menos) à fascinante *dynamis* da sua Filosofia. Os críticos se revezam na dura tarefa de tentar desautorizá-la como filósofa, num empreendimento destinado a causar efeito contrário e a fazer dela autora mais conhecida, admirada e consumida. Aliás, no dia mesmo em que escrevo estas linhas, a versão em português d'*A Revolta de Atlas* está esgotada nas livrarias brasileiras, aguardando por reimpressão. *Ayn Rand e os devaneios do coletivismo*, da Coleção Breves Lições (LVM Editora), ocupa o primeiro lugar em vendas na categoria Filosofia Política e Ciências Sociais e se coloca entre os 25 livros mais vendidos do país em todas as categorias, com tiragem de *best-seller*. Uma nova tradução para o português de *A virtude do egoísmo* acaba de ser lançada pelo Clube Ludovico (de assinatura de livros), numa edição de beleza e qualidade históricas, e outros dos seus livros, como *Cântico* e *A Nascente* também desaparecem das prateleiras de livrarias físicas e virtuais por conta de alta demanda. Quando, poucos anos (meses?) atrás poderíamos imaginar fenômeno semelhante?

  O presente livro surge neste movimento de descoberta de Ayn Rand no Brasil, a partir também de um curso que ministrei sobre a autora em parceria com o maior *think tank* liberal do país, o Instituto

Mises Brasil (IMB). A ideia, que também permeia a concepção deste livro, era a de dar a conhecer, em linguagem tão acessível quanto cientificamente criteriosa, alguns dos conceitos fundamentais do Objetivismo, construindo, desse modo, uma espécie de pequena "farmácia", com leves – e decisivas – doses de anticoletivismo, de antiestatismo, de racionalidade e de egoísmo virtuoso. Mas, nesta sede, fui além. De bom grado, cedi aos apelos da minha consciência, do meu olhar de homem apaixonado pelos antigos gregos e do desejo de recuperar dimensão histórica da Filosofia, evocando, na primeira parte do livro, elementos que situam o leitor diante de condições específicas do nascimento dessa nova forma de pensar o mundo e as coisas dos homens. A "farmácia" é de Ayn Rand, mas muitos dos produtos nela disponíveis são compostos por substâncias descobertas bem antes no tempo: logo, achei adequado expor este ponto de modo articulado, sintético, com tensão propedêutica/ introdutória, nada mais que isso. Com efeito, procurei situar o debate proposto por Rand num olhar de perspectiva, cuja origem remonta ao nascimento da Filosofia no Ocidente, às suas condições de existência, às suas preocupações originárias e a algumas de suas consequências. Em Ayn Rand, bem como em toda a tradição filosófica pós-antiga, entrevemos, manifesta ou tacitamente, alguns dos pilares de sustentação estabelecidos pelos antigos gregos. É natural que seja assim e é importante termos algum grau de consciência desse fenômeno ao enfrentarmos a tarefa que se nos impõe de modo decisivo, qual seja, a de compreender pensadores que nos são mais próximos na linha do tempo. Fiz questão, portanto, de expor essa perspectiva. Não obstante, que reste claro, não dou a oferecer neste livro material para estudiosos quiçá ocupados com aspectos técnicos de estudos especializados: não é esse o propósito da obra. O leitor, com efeito, tem em mãos um livro que pretende ser, a um só tempo, instrutivo e fonte de superior entretenimento intelectual, sem as tonalidades próprias da impostação acadêmica.

A Parte I do livro, então, é dedicada, insisto, aos primórdios do pensamento filosófico, originado na antiga *Hélade*. Rand é arcabouço no qual boa parte daquele pensamento se faz ecoar – em alguns momentos, de modo mais nítido, noutros, de modo cifrado, criptografado (nem por isso menos impactante). Na Parte II, por sua vez, ingresso na arquitetônica do pensamento objetivista propriamente dito, ultrapasso o seu umbral e dou a conhecer aspectos que o sustentam em larga medida (sem esgotá-lo, por evidente... não seria mesmo esse o caso num livro com os propósitos pensados para este). Num Apêndice muito especial, por fim, trago diálogo travado com aquela que se coloca como uma das mais efetivas divulgadoras de Ayn Rand no Brasil, Lara Nesteruk: uma conversa em tom informal e instrutivo sobre a filósofa e sobre alguns dos elementos que tocaram Lara e a trouxeram para o mundo "randiano".

Não posso – e nem irei – me esquecer de registrar alguns agradecimentos.

Aos amigos Márcio Scansani, Chiara Ciodarot di Axox, Ivone Gomes de Assis e Letícia Braga Cavalcanti, por terem revisado as provas com enorme acribia e delicadeza; à Lara Nesteruk, por estar ao lado neste processo de construção de uma nova mentalidade nacional (porque disso se trata); e à Mariangela Ghizellini, pela capa, uma verdadeira obra-prima.

À LVM Editora, por uma parceria de sucesso e de muito carinho.

Deixo, por fim, um especial obrigado a todos os que me acompanham, presencialmente ou pelas redes sociais, e que prestigiam cada nova minha iniciativa.

Dennys Garcia Xavier
Uberlândia, nas Minas Gerais, novembro de 2020.

PARTE I

CAPÍTULO 1

O NASCIMENTO DA FILOSOFIA

Neste capítulo introdutório, tratarei de alguns elementos compositivos da Filosofia antiga ou, de modo mais específico, das suas origens. Estou convencido de que uma ajustada compreensão de pontos centrais da conjuntura que envolve o nascimento dessa forma peculiar de racionalidade jogará luz preciosa sobre a apreensão de conceitos distintivos do Objetivismo – nome dado à filosofia criada por Ayn Rand – antes de a examinar em si.

Quando comparamos a Filosofia com outros saberes, observamos que ela é um "fenômeno" recente na história. São apenas dois mil e quinhentos anos de idade, pouco mais do que isso, o que nos permite concluir que a mentalidade filosófica é algo que está a amadurecer de modo intenso, mas cuja fundação encontra logo ali, em período não longínquo, quando especulamos sobre formas mais elaboradas de saberes. Aliás, comparado ao largo espectro de existência da nossa espécie no curso da história, às vicissitudes da nossa existência sobre a Terra, a Filosofia não passa mesmo de uma recém-nascida.

Natural, portanto, no contexto traçado, que surja o questionamento: se a Filosofia é, em sua origem, uma tentativa de apreensão racional do mundo, como bem sabemos, ou seja, daquilo que se refere ao homem, aos valores humanos, ao cosmos em seu todo, como é que os homens explicavam o mundo e todo o resto antes do seu advento?

Não são poucos os estudiosos debruçados sobre o que poderíamos denominar "as origens do pensamento grego", e isso num vasto elenco das mais diversas abordagens. Há, entre os historiadores da filosofia, autores dispostos a afirmar que as raízes mais profundas da Filosofia grega não estão nela, mas em "explorações" intelectuais anteriores, nas cosmogonias ou epopeias mítico-religiosas – de Homero e Hesíodo, por exemplo –, dotadas de certa elasticidade filosófica de fundo, ainda que por vezes entrevista com pouca nitidez[1]. Não obstante, parto de um ponto seguro da tradição historiográfica, assim como registrado por Platão e Aristóteles: Tales de Mileto (c. 624/623 – 548/546 a.C.).

---

[1] Sobre este ponto, ver a obra que traduzi para o português: SASSI, Maria Michela. *Os inícios da filosofia*: Grécia. São Paulo: Loyola, 2015.

Tales é a figura-chave desse processo, exatamente por ter sido o primeiro a filosofar de maneira sistemática. De fato, como registrado no testemunho de Diógenes Laércio, famoso compilador das vidas e obras dos filósofos ilustres da Antiguidade (que viveu no século III d.C.): "ele [Tales] foi justamente o primeiro a receber o nome de sábio..."[2]. Nas listas dos Sete Sábios, seu nome sempre figura em primeiro lugar, mesmo com as conhecidas variações no elenco dos outros membros.

Responsável por esse alvorecer de um modo completamente novo de pensar, Tales nasceu em Mileto, uma colônia da Grécia, cujo comércio pujante e desenvolvido permitia o encontro de várias pessoas de culturas diferentes, de múltiplas influências intelectuais: um terreno fértil para um cérebro inquieto, um pedaço de terra pronto para imprimir nova página da história da civilização[3].

Dois relatos fundamentais dão bem a medida da importância de Tales de Mileto e o modo como instaura uma "nova racionalidade" no mundo grego. O primeiro deles, de Platão, em seu diálogo sobre o Conhecimento (ou sobre a Ciência), chamado *Teeteto*:

---

[2] DIÓGENES LAÉRCIO. *Vidas e doutrinas dos filósofos ilustres I*, 22. Para os interessados, há tradução da obra para o português, notadamente a de Mario da Gama Kury, publicada pela UnB. Trata-se de um compilado de "bisbilhotices" bem interessantes, por trazer informações históricas que nos ajudam a compor um quadro de acontecimentos, os mais diversos do mundo antigo.

[3] Tales, para além disso, parece ter viajado bastante, em busca de conhecimento. Sobre este ponto, ver SPINELLI, Miguel. *Filósofos pré-socráticos*. Porto Alegre: EDIPUCRS, 1998, pp. 19-21.

> O exemplo de Tales far-te-á compreender, Teodoro. Estando ele a observar os astros, caiu dentro de um poço porque tinha os olhos postos no céu. Uma serva da Trácia, esperta e cheia bom humor, pôs-se a troçar dele, conta-se, dizendo que Tales punha todo o entusiasmo em saber o que se passava no céu e não prestava atenção às coisas que tinha diante de si e debaixo dos pés. A mesma troça aplica-se a todos os que passam a vida a filosofar. (PLATÃO, *Teeteto*, 174a).[4]

Fica evidente, descontada a deliciosa ironia do parágrafo, a atitude especulativa própria do filósofo, uma novidade absoluta. Estamos a vislumbrar aurora de modo de proceder diferente de tudo o que então existira, de alguém que mira olhar para outras perspectivas da realidade, não apenas para o que está ali, posto imediata e confortavelmente sob os seus pés, sem qualquer forma de ulterior elaboração mental, de inflexão discursiva. Está em jogo uma nova forma de observar a realidade, segundo critérios recém-concebidos, filhos de uma dinâmica própria do homem grego daquele período histórico (lembrem-se de que estamos falando dos séculos. VII-VI a.C.).

Depois, uma passagem clássica de Aristóteles:

> Tales, iniciador deste tipo de filosofia, diz que o princípio é a água (por isso, afirma também que a Terra flutua sobre a água), certamente,

---

[4] Sobre o *Teeteto* de Platão, ver XAVIER, Dennys G. *Com Sócrates para além de Sócrates*: o *Teeteto* como exemplo de teatro filosófico. São Paulo: Annablume, 2015.

tirando esta convicção da constatação de que o alimento de todas as coisas é úmido, e da constatação de que até o calor se gera do úmido e vive no úmido. Ora, aquilo de que todas as coisas se geram é o princípio de tudo. Ele tirou, pois, esta convicção desse fato e também do fato de que as sementes de todas as coisas têm natureza úmida, sendo a água o princípio da natureza das coisas úmidas. (*Metafísica*, A 3, 983b 20-25).

Tales não estabeleceu a água como princípio do cosmos porque algum deus "cantou em seu ouvido" resposta de natureza mítica. Ele não foi inspirado por nenhuma divindade ou agitação mística. Tales constatou os fatos a partir de observação empírica e cálculo lógico-racional: uma inovação completa, uma verdadeira revolução da mente humana imersa num mundo ainda largamente inexplorado.

No entanto, durante muito tempo, vários estudiosos acreditaram – no que diz respeito ao nascimento da Filosofia – na tese de uma espécie de "milagre grego" (segundo a célebre formulação de Ernest Renan). Para eles, havia uma estrutura explicativa pré-filosófica de mundo – a qual também será abordada nas páginas seguintes – que, de repente, sem qualquer mediação plausível ou quiçá rastreável, foi *torcida* por Tales de Mileto e outros seus contemporâneos, causando novo modo de abordagem do real. Com a dificuldade de compreender esse processo, estudiosos apostaram numa severa ruptura entre mito e filosofia, num "milagre" ou, mais precisamente, numa radical e espontânea quebra de paradigma. Esse passo, com efeito, não veio a ser interpretado em sentido religioso, era basicamente uma formulação que apontava para algo então inexplicável de um ponto de vista histórico, palpável ou intelectualmente perscrutável. Assim, a questão permaneceu por algumas décadas.

Com o avanço das ciências e de uma série de técnicas revolucionárias de pesquisa, no entanto – inclusive descobertas derivadas de escavações arqueológicas –, sabe-se hoje que o nascimento da Filosofia em Mileto não poderia ter derivado de qualquer evento sequer parecido com um "milagre" (tese atualmente considerada, de fato, pseudocientífica). Fatores históricos muito precisos aconteceram naquele contexto para que a Filosofia surgisse, eis um dado que deve permanecer em nosso horizonte investigativo.

Mas, voltemos ao questionamento sobre o que haveria antes de a Filosofia surgir como advento de modo diverso de explicar tudo o que nos diz respeito. Como as coisas seriam explicadas na história que precede Tales de Mileto e os chamados "pré-socráticos"?

Temos sérias dificuldades em deixar coisas, digamos, inexplicadas. Lidamos mal com vazios causais e ficamos profundamente incomodados com a ideia da dúvida: algo, muitas vezes, amargo, mas também louvável e extraordinário (afinal, estamos a falar do agente propulsor que nos leva a conhecer mais do mundo e de nós).

A dúvida, reconheçamos, pode (deve!) ser motivo de bom incômodo – de angústia que tenciona positivamente –, pois é diante dela, bem como da necessidade que o homem tem de esclarecer cada fenômeno que o cerca, que o circunscreve e define, que surge a busca por explicações progressivamente mais elaboradas, coesas e as eventuais respostas que irão compor o quadro mental de uma época. O próprio Aristóteles, em *Metafísica*, defende que o mesmo terreno sobre o qual se dão as discussões religiosas acolhe aqueles que inspiram discussões racionais; a diferença está no fato de que as elucidações são oferecidas segundo abordagens diferentes, por "métodos" diferentes, mas ambos filhos da "admiração" ou do "espanto" que nos leva a pensar:

> De fato, os homens começaram a filosofar, agora como na origem, por causa da admiração, na medida em que, inicialmente, ficavam perplexos diante das dificuldades mais simples; em seguida, progredindo pouco a pouco, chegaram a enfrentar problemas sempre maiores, por exemplo, os problemas relativos aos fenômenos da lua e aos do sol e dos astros, ou os problemas relativos à geração de todo o universo. Ora, quem experimenta uma sensação de dúvida e de admiração reconhece que não sabe; e é por isso que também aquele que ama o mito é, de certo modo, filósofo: o mito, com efeito, é constituído por um conjunto de coisas admiráveis. (*Metafísica*, A 2, 982 b 12-20).

No entanto, em termos cronológicos, antes de um exercício mais criterioso do filosofar, as ciências tracionadas pela razão sequer existiam segundo perspectiva de reflexão sistemática, radical, autônoma, ancorada no *lógos*, que apenas os présocráticos conferiram a elas. Quando se observa a Grécia num período anterior ao da Filosofia, o que se tem é o mesmo que vislumbramos em todas as civilizações arcaicas: uma apropriação mítico-religiosa da realidade e dos fenômenos, ou seja, narrativa religiosa escorada no fantástico, no intangível (ainda que dotada de certa lógica dramática interna).

Eis, então, um dado histórico inarredável: o Mito[5] educou por séculos ininterruptos tanto o homem grego quanto outras civilizações da Antiguidade. O próprio Platão (c. 428/427-348/347 a.C.), em uma passagem do famoso diálogo *A República*, registra a tese segundo a qual Homero (c. 928-c. 898 a.C.) educou a *Hélade* – nome grego de Grécia. Não se deve, com efeito, ignorar ou subvalorizar a importância da narrativa mítico-religiosa na formação do homem e do espírito grego antigo.

Por força de honestidade científica, vale observar que não há comprovação absoluta de que, no século VIII a.C., tenha existido de fato um tal Homero. Inclusive, há teorias de que as obras a ele atribuídas, a *Ilíada* e a *Odisseia*, sejam o ajuntamento de poemas condensados a partir dos mitos criados e transmitidos

---

[5] Entendido como "narração fabulosa, de origem popular e nãorefletida, na qual agentes impessoais, a maior parte das vezes forças da natureza, são representados sob forma de seres pessoais, cujas ações ou aventuras têm um sentido simbólico" (LALANDE, André. *Vocabulário técnico e crítico da filosofia*. São Paulo: Martins Fontes, 1996, pp. 688-689).

oralmente por um conjunto de poetas menores. Isso, no entanto, não importa no contexto geral. Tendo existido ou não um ou mais "homeros", é simples entender o motivo pelo qual Platão, dando voz a uma consciência própria do seu tempo, considerava que o Poeta havia educado a Grécia. Tudo aquilo que concerne ao que os gregos chamavam de *paideia* – ou seja, à formação não só relativa a costumes, mas também a algum grau de conhecimento elaborado do mundo, modos de proceder, agir, pensar..., enfim, tudo o que se refere à existência do homem sobre a Terra – era explicado e balizado a partir de múltiplas estruturas poéticas nas quais se escoravam as narrativas míticas, das quais Homero (ao lado de Hesíodo) se fez mensageiro emblemático.

Em *Odisseia*, o herói astucioso Odisseu – ou Ulisses, versão latina do nome grego – passa dez anos tentando voltar para casa, para a sua ilha de Ítaca e para a esposa. Enquanto isso, Penélope, mulher a quem devotava amor atemporal, se vê obrigada, por força de costume de um tempo, a se casar novamente após o que então se considerava o desaparecimento de Odisseu ao final da Guerra de Tróia. Certa, em seu íntimo, de que o esposo, diversamente do parecer dos circunstantes, encontrava-se vivo e de que voltaria ao lar, Penélope evoca artimanha criativa, que logo expõe aos ávidos pretendentes em termos cristalinos: só irá escolher um novo marido quando terminar de fiar a mortalha de seu sogro Laerte. Ansiosa e esperançosa pelo retorno de Odisseu, tudo o que Penélope costura pela manhã, ela desfia à noite (solução que, uma vez descoberta, instaura reações as mais violentas e cavilosas). A grosso modo, podemos notar nesse pequeno enredo paradigmático, como em tantos outros presentes seja na *Odisseia* seja na *Ilíada* (não necessariamente assim tensionados), que há uma série de costumes de como proceder e agir em situações da vida social segundo parâmetros rígidos e bem estabelecidos, dos quais se escapam apenas por expedientes não tradicionais, frequentemente permeados por grau relevante de risco ao indivíduo. Havia nas narrativas míticas forte conteúdo pedagógico, rigidamente estruturado; o mito era a grande nutriz educacional do homem grego arcaico:

> Na *Odisseia*, como na *Ilíada*, encontravam os gregos farta colheita de sentenças e provérbios de aplicação universal, que fizeram de Homero o mestre incontestado também nesse setor. São versos, ou frações de versos, que, pelo próprio ritmo, se guardam facilmente de memória: o ferro os guerreiros atrai (XIX, 13); sono demais prejudica (XV, 394); não orna aos mendigos vergonha excessiva (XVII, 578); quem tem coragem consegue levar a bom termo as empresas em que se mete (VII, 51-2) ...sem que possamos deixar de citar o verso 48 do Canto III, a que Melanchton dava preferência irrestrita, o mais belo verso de Homero:
>
> "Todos os homens precisam da ajuda dos deuses eternos".[6]

---

[6] NUNES, Carlos Alberto. *Odisséia de Homero* – Prefácio. Rio de Janeiro: Ediouro, 2000, p. 14.

Isso nos leva a outro questionamento, tão importante quanto o primeiro: por que os homens daquele tempo acreditavam nas histórias dos mitos? Por que se dobravam, passivos, às teogonias, aos enredos de deuses e heróis e, no mais, às formas do fantástico? Ali, vale registrar, os homens contavam com uma abordagem de tipo causal, ancorada em figuras divinas antropomórficas (de formas humanas), de forte apelo à mentalidade não-científica. Chove por causa de manifestação do deus Urano, deus-céu, que está a penalizar (em caso de tempestade) ou a favorecer (em caso de chuva moderada e bem-vinda) um determinado povo ou comunidade. O vento surge por ação de Éolo, tanto quanto o amor provém de Eros. Não se tratavam, por óbvio, de fenômenos climáticos ou humanos com causas "laicizadas". Assim se dá com todo o resto. E os gregos acreditavam nessas histórias não só porque, naquele momento, não dispunham de alternativa plausível[7].

Platão e outros historiadores do mundo antigo alegavam que os gregos tomavam como verdadeiras tais histórias porque se aceitava com naturalidade a tese de que o poeta, o *rapsodo*, tinha um contato direto e privilegiado com o plano sagrado dos deuses, nomeadamente da deusa da memória, *Mnemosyne*:

O estatuto do mito é totalmente outro. Ele se apresenta como um relato vindo

---

[7] Antes da escrita silábica, o mito era uma tradição transmitida oralmente e preservada pela memória. Não havia quem *escrevesse* poemas. Aliás, a primeira escrita dos poemas de Homero surge somente no século VI a.C., quase dois séculos depois de ele (acredita-se!) ter vivido.

do fim dos tempos e que já existiria antes que um contador qualquer iniciasse sua narração. Nesse sentido, o relato mítico não resulta da invenção individual nem da fantasia criadora, mas da transmissão e da memória. Esse laço íntimo e funcional com a memorização aproxima o mito da poesia, que, originariamente, em suas manifestações mais antigas, pode se confundir com o processo de elaboração mítica. A esse respeito, o caso da epopeia homérica é exemplar. Para tecer seus relatos sobre as aventuras de heróis lendários, a epopeia opera primeiro como poesia oral, composta e cantada diante dos ouvintes por gerações sucessivas de aedos inspirados pela deusa Memória (*Mnemosyne*). Só mais tarde é que será objeto de uma redação, cujo objetivo é estabelecer e fixar o texto oficial.

[...]

Memória, oralidade e tradição: são essas as condições de existência e sobrevivência do mito.[8]

Todas as histórias relatadas por qualquer poeta grego arcaico/antigo têm, em seus primeiros versos, inspiração dramaticamente marcada de modo quase idêntico: a evocação de uma divindade condutora, transmissora do que será exposto, que preside o processo de narração. O poeta, ao solicitar

---

[8] VERNANT, Jean-Pierre. *O Universo, os deuses, os homens*. São Paulo: Companhia das Letras, 2000, p. 12.

sua presença, levava a crer que a deusa passava a cantar para ele em tom confidencial, e que, portanto, o que saía da sua boca não se evidenciava fruto de criatividade particular ou de exercício subjetivo de imaginação, mas de contato direto com mensagem divina (o que fazia do poeta um instrumento de mediação entre o sagrado-divino e o profano-humano e, então, da sua mensagem, algo inapelável).

O poeta, por certo, não vivia num mundo de ilusão artística consciente, por trás do qual se encontrava um frio ou frívolo desejo de controle. O privilégio que *Mnemosyne* confere ao aedo, a quem canta a narrativa, é aquele de um contato com o outro mundo, a possibilidade de aí entrar e dele voltar livremente. A intervenção divina que representava jogava papel central na cena grega universal. Vejamos os primeiros versos, respectivamente, da *Ilíada* e da *Odisseia*, traduzidos por Carlos Alberto Nunes, em que o poeta invoca a musa ou deusa da memória:

> "Canta-me a Cólera – ó deusa! – funesta de Aquiles Pelida..."
>
> "Musa, reconta-me os feitos do herói astucioso..."

Platão denominou tal crença de "divina mania". No grego, *mania* é "loucura". Essa divina loucura – essa espécie de delírio do *rapsodo* – o possuía ao invocar versos que, por fim, viriam a soar como: "Canta, ó musa, em meu ouvido, que eu passo a retransmitir, neste momento, para os homens, para o ambiente profano, não divino, essa mensagem que a divindade tem a dizer".

> [Estes] belos poemas não são humanos, e nem sequer de homens, mas divinos e dos deuses, os poetas não são (mais) do que intérpretes dos deuses. (PLATÃO. *Íon*, 533 E, 534 C).

E mais,

> Sem dúvida, sei que a respeito dos poetas, não criam por sabedoria, mas por algum dom e são inspirados como os profetas e adivinhos. Na verdade, esses falam muitas e belas coisas, porém não sabem nada daquelas coisas que dizem. (PLATÃO. *Apologia de Sócrates*, 22 C).

Ainda que tomados por impulso que Platão considerava ser de delírio irracional, insisto, em meio aos relatos do poeta, com deuses, heróis, guerras e batalhas, encontrava-se um vastíssimo repositório de ensinamentos cotidianos, fundamentais para a condução diária da vida concreta. Homero e demais poetas são um tesouro histórico, vasta fonte de fortuna crítica erigida em tempos imemoriais.

Quanto às coisas maiores, às grandes questões relativas à vida, igualmente repousavam no horizonte do mito religioso: qual é a força do destino que se impõe sobre nós? O que é justiça? Qual o papel do homem no cosmos que o circunscreve, que o define?

Destacam-se, além disso, ensinamentos belíssimos – aparentemente pueris, mas definidores de um povo – como o modo segundo o qual o mais jovem deve lidar com o mais velho e como um indivíduo que é súdito, mesmo fisicamente mais poderoso, terá que submeter-se aos desígnios de seu rei, cujo domínio se impõe a todos, sem distinção, por força de imposição natural. A evocação do exemplo dos heróis e das grandes sagas é, para o poeta e para os seus, parte constitutiva de toda a ética e educação, não só em ambiente aristocrático. Há, portanto, uma teia explicativa de costumes que emerge do mito religioso e que nos aponta para o viver e o pensar do período que antecede a primeira manifestação sistemática do exercício da Filosofia, da razão humana sob novo viés – cuja gênese emblemática se dá com Tales de Mileto.

Mas o que ocorreu entre os séculos VIII e VI a.C., que projetou o advento da Filosofia? Que dinâmica factual se desenrolou ali e que conferiu preeminência extraordinária ao povo grego?

No espaço de alguns séculos, a Grécia conheceu, em sua vida social e espiritual, transformações decisivas: 1) O nascimento da cidade e do Direito, criação de novas formas de arte, de novos modos de expressão, corresponderam à necessidade de legitimar os aspectos até então desconhecidos da natureza humana; 2) eventos tais como a consolidação da escrita silábica – que passa a substituir um tipo de registro ideográfico ou formas proto-silábicas, marcados por primitiva limitação comunicativa –, destinada a ventilar novo tipo de abstração para além de imagens; 3) o estabelecimento de um calendário mais preciso, pensado como elemento de racionalização das estações do ano e da disposição do curso histórico (chove porque é tempo de chuva e é natural que isso aconteça; a boa colheita surge não por determinação da deusa Deméter, mas por verificação empírica dos elementos climáticos); 4) o aparecimento e o uso corriqueiro da moeda, como modo de concretização de relações comerciais, segundo valor simbólico atribuído a ela (não se trocam mais objetos ou alguma produção, como um saco de grãos, por outro objeto, ao menos não exclusivamente), abre, por sua vez, agressivo processo de novo repertório mental; 5) o incremento de navegações marítimas (os gregos eram excelentes navegadores e dominavam técnicas sofisticadas de navegação), dessacralizou a percepção de mundo, laicizando-a enormemente. De fato, nos primórdios, havia uma mentalidade homérica de fundo que imprimia respeito redobrado no homem disposto a se aventurar, tomado pelo fascínio muitas vezes apavorante da narrativa fantástica do mito. Contudo, assumido o risco, viu-se paulatinamente que não havia ciclopes em ilhas distantes ou criaturas similares, malignas, singrando os mares, mas, apenas outros como os próprios gregos, eventualmente diversos nos modos, na cultura, mas nada invulgares enquanto tais, não raro dispostos a comercializar e a aprender/ensinar em trocas fecundas – ainda que nem sempre pacíficas – com os estranhos que aportavam em suas terras (as viagens marítimas promoveram a secularização da visão do homem grego que, somada àqueles outros fatores, tornou fértil o terreno para o nascimento da Filosofia).

    Essas inovações, em todos os domínios, marcam uma mudança de mentalidade tão profunda, que se pôde ver nela o registro de nascimento do homem do Ocidente tal como hoje nos reconhecemos em grande medida, dos valores que nos reservam grau de identidade transmitida no tempo, sem qualquer paralelo conhecido.

Há, no entanto, entre esses fatores históricos típicos dos séculos VIII e VII a.C., fundamentais na *Hélade*, um de importância capital, que resulta de todos os outros de alguma forma, mas que os sobrepuja em termos distintivos: o surgimento da *pólis* – a cidade-Estado dos gregos.

Pólis é um conceito antigo. É importante não confundirmos, a imaginar que as cidades em suas formas contemporâneas refletem em alguma medida o modelo grego-arcaico de *poleis* – plural de *pólis*, em grego. De fato, não sem efeito, nossas cidades usufruem de certa autonomia administrativa, mas estão inseridas em Estados que, por sua vez, são parte constitutiva de uma Federação, segundo um sistema de interdependência estrutural que nada tem a ver com a *pólis* daquele tempo. A *pólis*, em sentido grego, tem autonomia administrativa, é autárquica e tem limites de soberania bem estabelecidos:

> O aparecimento da *pólis* constitui, na história do pensamento grego, um acontecimento decisivo. Certamente, no plano intelectual como no domínio das instituições, só no fim alcançará todas as suas consequências; a *pólis* conhecerá etapas múltiplas e formas variadas. Entretanto, desde seu advento, que se pode situar entre os séculos VIII e VII a.C., marca um começo, uma verdadeira invenção; por ela, a vida social e as relações entre os homens tomam uma forma nova,

cuja originalidade será plenamente sentida pelos gregos.⁹

A vida na cidade se torna mais complexa. Antes da *pólis*, havia tão somente pequenas aldeias, povoados espalhados pelo acidentado território grego. Entretanto, quando a economia e as interações sociais começam a se tornar mais articuladas e elaboradas, comunidades se formam e um novo mundo se desvela no horizonte.

Uma vida como a que se propõe, a partir da concepção da cidade grega, não concebe mais, como algo exclusivo, aquela arquitetônica explicativa baseada no mito religioso. Em meados do século VII a.C., com a *pólis*, o homem começa a perceber que não é mais possível explicar a vida a partir de uma perspectiva essencialmente poética.

> O que implica o sistema da *pólis* é primeiramente uma extraordinária preeminência da palavra sobre todos os outros instrumentos do poder. Torna-se o instrumento político por excelência, a chave de toda autoridade no Estado, o meio de comando e de domínio sobre outrem. Esse poder da palavra [...] lembra a eficácia das palavras e das fórmulas em certos rituais religiosos, ou o valor atribuído aos "ditos" do rei [...]; entretanto, trata-se na realidade de coisa bem diferente. A palavra não é mais

---

⁹ VERNANT, Jean-Pierre. *As origens do pensamento grego*. Rio de Janeiro: Bertrand Brasil, 1996, p. 34.

o termo ritual, a fórmula justa, mas o debate contraditório, a discussão, a argumentação.[10]

A palavra sagrada do poeta, a fórmula exata e ritualística de invocação dos deuses, é, aos poucos, substituída, e passa a ter preeminência a palavra racional, a palavra da persuasão (os gregos chamavam *peithó*), discutida, debatida no terreno da lógica, pela sensatez do cálculo ancorado no *lógos* (razão). Ou seja, há a saída – ou, mais justamente, inicia-se um processo de passagem, de transição – do universo mítico-religioso, da "divina mania" ou delírio do poeta inspirado pela musa, para uma discussão racional das ideias. Tudo isso por exigência de fatores históricos, que se consolidaram naquele terreno.

Modos de expressão simbólica, manejo de sinais civilizacionais, tempo, espaço, causalidade, memória, imaginação, organização dos atos, vontade, pessoa, todas essas categorias mentais encontram-se transformadas em sua estrutura interna e em seu equilíbrio geral.

Apesar do quadro traçado, alguns autores, como já referi, poderão alegar fenômeno de ruptura no curso que leva do Mito à Filosofia. Não houve ruptura. Quando o mito perde espaço, a razão avança em progressão, jamais como resultado de corte histórico. Com a racionalização – com a apreensão racional do cosmos e das coisas que nos dizem respeito – vamos, de contínuo, incrementando nossa leitura, não mais dependente da concessão divina, mas temperada também com a palavra do embate:

---

[10] VERNANT, Jean-Pierre. *Op. cit.*, p. 34.

Doravante, a discussão, a argumentação, a polêmica tornam-se as regras do jogo intelectual, assim como do jogo político [...]. A lei da *pólis*, por oposição ao poder absoluto do monarca, exige que umas e outras sejam igualmente submetidas à "prestação de contas". Já não se impõem pela força de um prestígio pessoal ou religioso; devem mostrar sua retidão por processos de ordem dialética [...]. As mais antigas inscrições em alfabeto grego que conhecíamos mostram que, desde o séc. VIII, não se trata mais de um saber especializado, reservado a escribas, mas de uma técnica de amplo uso, livremente difundida no público. Ao lado da recitação decorada de textos de Homero ou de Hesíodo – que continua sendo tradicional – a escrita constituirá o elemento de base da *paideia* grega.[11]

No contexto da linha argumentativa adotada, é que se percebe como fatores históricos precisos, que eclodiram na Grécia, prepararam o terreno para o nascimento da Filosofia, ali, naquele lugar, naquele tempo. A Grécia foi um caso único e fascinante da nossa jornada civilizatória. A imagem do mundo que os primeiros filósofos da Jônia propõem é radicalmente diferente da que existia em Homero ou em Hesíodo.

Em relação à imagem arcaica de mundo, a desenhada por Anaximandro, por exemplo, pré-socrático também ele protagonista dos primórdios da

---

[11] VERNANT, Jean-Pierre. *Op. cit.*, p. 36.

Filosofia, é em tudo outra. As instituições da cidade não implicam somente a existência de um domínio "político", mas também de um pensamento "político", uma reflexão consciente sobre o indivíduo e sobre o que os gregos denominarão *tà koiná*, o que é comum a todos, os negócios públicos.

De fato, há, para o grego, dois fenômenos bem separados: um domínio privado, familiar, doméstico, e um domínio público, que compreende todas as decisões que afetam a todos. Nada do que pertence ao domínio geral, público, pode mais ser regulamentado por um único indivíduo, mesmo que por um rei. Todas as coisas "comuns", com a *pólis*, devem ser objeto de debate livre, de discussão aberta, à luz dos espaços da *Ágora*, da praça pública, sob a forma de discursos racionais e bem embasados. Não é mais um rei-sacerdote que, pela observância de um calendário religioso, vai fazer em nome do grupo humano tudo o que se deve fazer: são os próprios homens, cidadãos, a tomarem em mãos o que lhes diz respeito igualmente.

Difícil não nos comovermos com o curso traçado ali. A ela, Grécia, berço da Filosofia, mãe das ciências, devemos a nossa mais profunda identidade, o mais alto registro do espírito que nos é próprio.

No próximo capítulo, tratarei de elementos basilares que compõem esse quadro geral de nascimento da Filosofia e que irão repercutir fortemente na filosofia objetivista.

CAPÍTULO 2

ELEMENTOS ESSENCIAIS

LIBERDADE

Um olhar atento para as civilizações proto-arcaicas nos leva, *a fortiori*, a perceber que o seu poder político se encontrava imerso em dimensão religiosa da existência, vale dizer, a palavra do governante, rei, ou chefe da comunidade era frequentemente associada a uma tensão sobrenatural e, portanto, a um arcabouço compositivo que não comportava a ideia da não aceitação, não submissão, ou mesmo do simples questionamento. Mas a coisa toda vai além: a vida social anterior ao advento da *pólis* surge – mesmo antes das pequenas comunidades que deram origem a ela – centralizada em torno de poder, a um só tempo, religioso, político, militar, administrativo e econômico. Ali, o rei concentra e unifica, numa única pessoa ou *corpus* diretivo, todos os elementos do poder, todos os aspectos da soberania.

Antes abordamos a importância do livre comércio em terreno grego para a inserção de elementos culturais e novas formas de pensar que foram fundamentais para o nascimento da Filosofia. Na estrutura anterior, de poder centralizado, palaciano, por sua vez, não há lugar para comércio privado, pois a administração real regulamentava a distribuição e o intercâmbio assim como a produção dos bens.

Não há a coisa privada e a coisa pública, tal como vieram a se apresentar em seguida: elementos distintos, tocados segundo interesses diversos. O poder central, pré-*pólis*, regulamentava prestações de serviços, gratificações, circulação de produtos, oferta de trabalhos, totalmente codificados e contabilizados, ligando, numa grande teia burocrática, aspectos essenciais da organização social.

Mesmo com a derrocada da estrutura palaciana, que deve ter ocorrido em meados do século IX a.C., num caminho que veio a preparar o nascimento da *pólis*, a dependência de estrutura centralizada ainda permanece em grau razoável, antes de se deteriorar em definitivo dois séculos depois, no VII a.C. Estamos agora diante do início de um curso histórico que vai se impondo, num processo que tende a minar autoridade central dotada de todos os poderes sociais, delineando o quadro geral que desembocará na cidade-Estado. Numa visão esquemática:

– especialmente entre os séculos XIII e X a.C.: estrutura palaciana, poder centralizado do rei;

– século IX a.C.: crise da estrutura palaciana, o poder vai se decompondo em ambiente social. Os poderes reais vão progressivamente ser distribuídos em instâncias diversas da sociedade e instaura-se o advento de um espaço social novo. A cidade, então, deixa pouco a pouco de estar centralizada no palácio real e se volta para a *Ágora*, espaço comum, no qual problemas de interesse geral deverão ser debatidos;

– séculos VIII e VII a.C.: novo quadro urbano, a concretização da *pólis*, que se abre a um espaço mental em tudo original, dessacralizado, com plena publicidade dada às manifestações mais importantes da vida social. A *pólis* vem a existir apenas na medida em que se distinguiu um domínio público, nos dois sentidos diferentes, mas solidários do termo: um setor de interesse comum, que se opõe a assuntos privados; e práticas abertas, estabelecidas em pleno dia, contrárias a processos secretos.

Os gregos, do século VII a.C. em diante, usufruíram de grau extraordinário de liberdade em comparação a outros povos, inclusive sob ponto de vista religioso. Não havia ali, por exemplo, casta sacerdotal ou de escribas pensada para controlar ações ou crenças. Desfrutavam, com efeito, de liberdade sem qualquer precedente conhecido:

> [...] se contemplarmos o povo grego sobre o fundo histórico do antigo Oriente, a diferença é tão profunda que os Gregos parecem fundir-se numa unidade com o mundo europeu dos tempos modernos. E isto chega

ao ponto de podermos sem dificuldade interpretá-los na linha da liberdade do individualismo moderno. Efetivamente, não pode haver contraste mais agudo que o existente entre a consciência individual do homem de hoje e o estilo de vida do Oriente pré-helênico, tal como ele se manifesta na sombria majestade das Pirâmides, nos túmulos dos reis e na monumentalidade das construções orientais.[12]

Um rápido olhar sobre a arte grega dos séculos VIII, VII ou VI a.C., em comparação com a arte oriental do mesmo período, oferece quadro intuitivo inequívoco dessa liberdade própria do homem da *Hélade*. No Egito, por exemplo, o faraó era divindade encarnada, um deus na Terra: nada menos inspirador para a fruição de vida livre. O que ele falava não era refutado (como alguém poderia questionar um deus?). Havia também uma casta sacerdotal que vigiava ações e controlava ideias.

Revela-se de modo emblemático o contraste entre a concepção do mundo puramente teomórfica dos povos orientais – na qual os deuses agem e o homem é uma sombra do nada – e o caráter antropocêntrico do pensamento grego. Em contraste com a exaltação oriental dos homens-deuses, solitários, acima de toda medida natural, onde se expressa uma concepção metafísica que nos é totalmente estranha; em contraste com a opressão das

---

[12] JAEGER, Werner. *Paideia*: a formação do homem grego. São Paulo: Martins Fontes, 1995, p. 9.

massas, sem a qual não seria concebível a exaltação dos soberanos e a sua significação religiosa, o início da história grega surge como princípio de uma nova valoração do homem, a qual não se afasta das ideias sobre o valor infinito de cada alma nem do ideal de autonomia espiritual que, desde o Renascimento, se reclamou para cada indivíduo:

> A forma humana dos seus deuses, o predomínio evidente do problema da forma humana na sua escultura e na sua pintura, o movimento consequente da filosofia desde o problema do cosmos até o problema do homem, que culmina em Sócrates, Platão e Aristóteles; a sua poesia, cujo tema inesgotável desde Homero até os últimos séculos é o homem e o seu duro destino no sentido pleno da palavra; e, finalmente, o Estado grego, cuja essência só pode ser compreendida sob o ponto de vista da formação do homem e da sua vida inteira: tudo são raios de uma única e mesma luz, expressões de um sentimento vital antropocêntrico que não pode ser explicado nem derivado de nenhuma outra coisa e que penetra todas as formas do espírito grego. Assim, entre os povos, o grego é o antropoplástico.[13]

A arte grega dos séculos VIII, VII, VI a.C. é a arte delicada dos vasos, das cerâmicas e da diversão doméstica. Podemos encontrar tanto o bom-humor

---

[13] JAEGER, Werner. *Op. cit.*, p. 14.

quanto as sátiras presentes em pequenas imagens narrativas – que se aproximam do que hoje temos com as tiras de histórias em quadrinhos ou as charges jornalísticas – pintadas em utensílios da vida cotidiana. A liberdade fluía na dinâmica da vida do homem da *pólis*. Os gregos, como nenhum outro povo, souberam aproveitar este dado essencial da sua existência. Por mais elevadas que julguemos as realidades artísticas, políticas, culturais ou científicas dos povos anteriores (ou de mesma época, mas de outras paragens), a história daquilo a que podemos, com plena consciência, chamar "cultura" só começa com os gregos. Sem a concepção de uma cultura grega livre não teria existido a Antiguidade Clássica e, menos ainda, o mundo Ocidental na forma como o conhecemos. O povo grego é o povo filosófico por excelência. A filosofia grega é, por sua vez, filha legítima de um processo progressivamente mais consciente, ancorado na liberdade.

PRAGMATISMO

O segundo elemento para o qual gostaria de chamar a atenção é a ideia de pragmatismo, assim como derivada de percepção nativa do termo. Pragmatismo é um termo de origem grega: *pragma*, *pragmatos*, um vocábulo dotado de relativa polissemia, mas que aponta essencialmente para as coisas como se dão, a realidade tal qual é. Não estamos falando, portanto, em Pragmatismo no sentido da corrente filosófica criada em meados do século XIX, início do século XX, pelo filósofo norte-americano Peirce (1839-1914) e, então, de um sentido técnico muito posterior aos gregos. Trata-se de observar as coisas e os eventos neles mesmos, e não segundo perspectivas descoladas do concreto solo de sua existência, numa espécie de projeção em tudo indevida, dotada de forte dose de irrealidade; falo de abordá-los nos seus mais íntimos elementos constitutivos. Para tanto, devemos evitar partir de uma expectativa ou da celebração de nossa subjetividade, que podem – e frequentemente o fazem – borrar a compreensão do que se desvela diante de nós.

Os gregos estão menos preocupados em interpretar o mundo, e mais em compreendê-lo. Por certo reprovariam o que modernamente chamamos de "pós-verdade", por exemplo, filha legítima de um tempo de "interpretações" sem qualquer parâmetro de razoabilidade. Aliás, vale o registro, o termo *post-truth* foi escolhido, em 2016, pelo Departamento Oxford Dictionaries, como a palavra do ano, em referência a substantivo que relaciona ou denota circunstâncias nas quais fatos objetivos têm menos influência em moldar a opinião pública do que apelos à emoção e a crenças pessoais. *Post-truth* deixou de ser termo periférico para se tornar central no comentário político, frequentemente, usado por grandes publicações sem a necessidade de esclarecimento ou definição em suas manchetes: um fenômeno que, por certo, não se verifica apenas em âmbito de macroesfera, mas também em microesfera, ou seja, em relações pessoais e profissionais subjetivas e de menor visibilidade. Eis que as consequências desta nova forma de *ideologismo* nada pragmático

– que evidenciam o quão pouco aprendemos com os antigos gregos –, se mostram nefastas, enquanto transformam praticamente todas as expressões do espírito humano em formas diversas de ideologias. Com efeito, o amplo espectro da *dynamis* ideológica explora com eficácia os componentes alógicos do humano, tornando-se dominante, subvertendo fatos e violentando a realidade. Se os fatos são obstinados, as ideias os esmagam com mais frequência do que o contrário. Estamos diante de uma forma de fé latente, abraçada por alguns como reflexo inequívoco da verdade e apresentada por outros (pelos ideólogos) como aquilo que se deve aceitar como verdadeiro, acreditem eles ou não no que convidam a conhecer.

É interessante como, para os gregos, por outro lado, naquele momento de construção de uma mentalidade filosófica, o pragmatismo estava intimamente associado à liberdade, numa teia de causas e efeitos. A explicação de que a chuva depende do humor do deus Urano não mais se aplica. São necessárias explanações que estejam para além das intuições ou modos subjetivos de enfrentar dados da realidade.

No mundo grego da recém-nascida Filosofia, o *lógos* toma sentido duplo: de um lado, significa a palavra, o discurso que pronunciam os oradores na Assembleia; de outro, significa também razão, esta faculdade de argumentar, de compreender, que define o homem não simplesmente como um animal, mas como um animal político, cidadão da *pólis*, um ser racional.

Essa visão pragmática de mundo, de compreensão das coisas como são, é importante não só para o nascimento da Filosofia; ela impacta de maneira decisiva o Objetivismo, como veremos.

Ayn Rand sustenta a ideia de que a existência existe, de que o real é tal qual é. Pode parecer estranho alguém afirmar algo assim, aparentemente óbvio. O real existe. O tangível existe. No entanto, um rápido olhar pela nossa história evidencia tratar-se de um óbvio quase nunca assim tão evidente. Compreender esse real, essa realidade objetiva, é um exercício decisivo de pragmatismo, e não de celebração de achismos ou de caprichos individuais.

Há uma objetividade na constituição das coisas e os gregos estavam muito atentos a esses elementos de pragmatismo. Para ilustrar essa tensão pragmática, em tempos mais modernos, sugiro a entrevista de Bertrand Russell (1872-1970), para a BBC de Londres, em 1959. Com voz meio trêmula, ao discorrer sobre qual mensagem gostaria de deixar, caso encontrassem a entrevista depois de muitos anos – como uma espécie de pergaminho do Mar Morto[14] – Russell respondeu que gostaria de legar duas mensagens, a saber: a primeira é que o amor é sábio e o ódio é tolo. Trata-se de uma apologia à tolerância com o que é diverso; depois, antes de se considerar qualquer

---

[14] Também conhecidos como Manuscritos do Mar Morto, são uma coleção de dezenas de livros ou fragmentos da Bíblia hebraica, canônicos e apócrifos, encontrados em Qumran, na atual Cisjordânia, a partir de 1947, por pastores nômades; foram compilados por uma seita judaica conhecida como essênios, entre cerca de 200 a.C. e o ano 70, AD. Atualmente encontram-se no Museu de Israel, em Jerusalém. (N. R.).

filosofia, qualquer decisão relativa à vida, há que se perguntar apenas e tão somente: quais são os fatos que se colocam diante de nós?

Eis a parte da mensagem de Russell que se associa à ideia de pragmatismo que nos interessa neste contexto. É necessário colocar as paixões de lado, que deixam a leitura dos fatos enviesada, e observá-los em si. É preciso parar de interpretar e começar a compreender. E, desse exercício de compreensão, tomar as decisões relativas à vida. Entretanto, não é incomum nos perdermos em caprichos, emoções bestiais e inclinações nada elaboradas. Esta é uma lição dada pelos gregos sobre o que não fazer, sobre como não proceder: isso, desde as origens do pensamento filosófico.

A exemplo do que afirmo (e os exemplos poderiam se multiplicar à exaustão), já nas primeiras páginas de um dos seus tratados de filosofia prática, *Ética a Nicômaco*, o filósofo de Estagira delimita de modo emblemático o campo de ação próprio de uma investigação ética. Em primeiro lugar, busca-se um bem que valha, a um só tempo, tanto para o indivíduo, tomado em sua singularidade, quanto para o Estado ou para a comunidade da qual faz parte. Uma tal investigação, segundo Aristóteles, só poderá se realizar no interior da limitada transparência que a matéria em análise chega a permitir:

> É que, de fato, não tem de se procurar um mesmo grau de rigor para todas as áreas científicas, menos ainda para todas as técnicas. As manifestações de nobreza e o sentido de justiça nas ações humanas,

> sentidos visados pela técnica política, envolvem uma grande diferença de opinião e muita margem para erro, tanto que parecem existir apenas por convenção, e não por natureza. (ARISTÓTELES, *EN*, I, 3, 1094b 11-17).

Lemos o remate de Aristóteles:

> Do mesmo modo, é preciso pedir que cada uma das coisas tratadas seja aceita a partir dessa mesma base de entendimento. É que é próprio daquele que passou por um processo de educação requerer, para cada passo particular de investigação, apenas tanto rigor quanto à natureza do tema em tratamento admitir. Na verdade, parece um erro equivalente aceitar conclusões aproximadas a um matemático e exigir demonstrações a um orador. (*EN*, I, 3, 1094b 28-32).

É próprio do homem bem formado, vale dizer, instruído de acordo com uma *paideia* bem pensada, buscar, em cada forma de saber, aquele grau de "rigor" permitido pela "natureza da coisa" a que se dedica; epistemologicamente inculto, será sobretudo aquele que demanda grau de verdade de um estudo cujo objeto simplesmente não o permite.

A origem do filosofar para os gregos é derivada de uma necessidade de conhecimento, de saber. Mas isso não se dá apenas segundo parâmetros intelectuais ou abstratos, como alguns imaginam. A filosofia grega é doutrina de vida, é uma doutrina que postula estruturalmente uma existência ancorada no que pode ser desvelado como verdadeiro. Dimensão especulativa e dimensão ético-política se tocam a todo momento e se implicam reciprocamente.

Muitos dos pré-socráticos, por exemplo, exerceram carreiras políticas. Não uma política militante, enviesada, mas uma superior atividade legiferante, de aconselhar as cidades. As mesmas fontes que o atestam demonstram ainda que as leis e os conselhos oferecidos pelos filósofos foram considerados boas leis e bons conselhos. Não se trata de algo derivado de posição privilegiada, mas de exercício criterioso de compreensão das coisas enquanto tais.

Todos os homens são conduzidos por certa moral (muitas vezes baseada nos costumes); apenas em sociedades de elevada cultura nascem reflexões que exprimem convicções morais e filosóficas por meio de conceitos intelectualmente construídos. Apenas no contexto de olhar reflexivo do homem grego antigo podemos entender a força pragmática do dito registrado no frontão do Templo apolíneo de Delfos: "Conhece-te a ti mesmo".

Com efeito, ser pragmático, neste sentido, é buscar reparo não só num (tanto quanto possível) seguro conhecimento de si, mas do mundo sobre o qual se caminha.

RAZÃO/FUTURO INCERTO

O que significa exatamente abordar a realidade a partir de uma perspectiva racional? Em primeiro lugar, é entender a razão não como um fim em si, mas como um meio, um instrumento: uma ferramenta que, a depender de como for utilizada, poderá ter maior ou menor eficácia em sua aplicação: a compreensão do real. Eis que só conseguimos ser pragmáticos se colocarmos como instrumento de captação da realidade a razão, o cálculo lógico, o *lógos*.

Tal perspectiva está imersa no universo grego antigo e contagia quase toda a filosofia posterior, a proposta por Ayn Rand inclusive: liberdade, pragmatismo e racionalidade como instrumento e ferramenta de captação do real. A busca da indagação cosmológica – própria dos primeiros movimentos da filosofia na história (de fato, a filosofia nasce investigando o cosmos, o mundo, a natureza) – eleva a razão enquanto instrumento ao primeiro plano: na divergência entre a ciência recém-nascida e o senso comum, exige-se solução que obriga os filósofos a estudar meios de defender seus paradoxos e argumentos diante dos pré-conceitos do não-científico. Em particular, sobre esse terreno, percebemos a originalidade dos gregos com força emblemática. Enquanto outros povos construíram antes deles conhecimentos rudimentares de matemática, medicina, astronomia, apenas os gregos souberam, mediante uso sofisticado da razão, transformar aqueles conhecimentos – ainda não formulados num *corpus* bem articulado – em conhecimentos sistemáticos e, logo, propriamente científicos.

Diz-se costumeiramente que os gregos fizeram derivar as suas primeiras noções de aritmética e geometria da cultura egípcia. Mas isso é apenas parcialmente verdadeiro, em especial quando notamos que aquelas noções foram radicalmente transformadas pelos gregos, exatamente em termos cognitivos.

A teoria geral dos números enquanto números e as bases da ciência geométrica são criações originais do espírito grego, da razão grega, a começar pelo trabalho de Pitágoras e dos pitagóricos.

Os egípcios, por óbvio, demonstraram talentos na aplicação empírica das matemáticas. Mas o momento propriamente teórico dessas disciplinas, como puro exercício especulativo, é aquisição grega. O mesmo se deu com a astronomia, por exemplo. Inspirados por um empuxo criado pelos babilônios, que estudaram os astros sobretudo com objetivos astrológicos, os gregos jogaram luz teórica sobre a revolução daquela ciência. A medicina é outra grande contribuição, cujos rumos foram repensados pelos gregos por conta de uso contemplativo da razão. Sempre houve médicos e curandeiros, em qualquer comunidade humana. Mas a arte da cura e da terapia dos gregos veio a ser arte metodologicamente consciente de si, derivada de reflexão filosófica sobre os sistemas sanitários. Medicina, matemática, astronomia são exemplos luminosos de ciências que ganharam modulação originária na *Hélade*, desenvolvidas a partir da mentalidade conceitual que emergiu com o nascimento da filosofia por obra dos pré-socráticos.

Comentei dois significados atribuídos ao termo *lógos* diante do quadro criado a partir do nascimento da cidade. Mas quero ir além. É uma palavra realmente difícil de traduzir com todo o peso semântico que lhe revestia no mundo grego antigo. Isso porque alguns estudiosos alegam, pouco mais tarde, que *lógos* não dizia apenas "razão" ou "discurso racional" mas também a regra segundo a qual todas as coisas vêm-a-ser, todas as coisas se realizam e, por via de consequência, a lei que é comum a todas as coisas e as governa. Mas, é evidente que tal regra ou lei ontológica inclui, em todo caso, racionalidade e inteligência e, por via de consequência, não há qualquer problema em traduzir o termo exatamente por razão ou inteligência em sentido *lato*, como já indicado. Como terceiro termo apresentado aqui – ao lado de liberdade e pragmatismo –, a razão (*lógos*) deriva do verbo *legein* (pronuncia-se *"leghein"* ou *"leguein"*) que, em sua origem, significa recolher, unir, juntar objetos/coisas; e é exatamente essa a operação que se pretende com a racionalidade no enfrentamento do mundo e das coisas humanas, a fim de conhecê-las de modo objetivo. Fazer derivar da complexa multiplicidade das coisas um todo tanto quanto possível ordenado, captado pela razão, explorado nele mesmo, segundo as suas possibilidades constitutivas: eis as bases da Filosofia já em seu nascimento e um arcabouço de inafastável importância para a posterior especulação científica.

Para finalizar este capítulo, é necessário, mesmo que de modo sinóptico, lembrar um fator importantíssimo para os gregos – em especial àqueles que se dedicaram a aspectos éticos e políticos em suas reflexões – e que também poderá ser entrevisto em Ayn Rand (e nos demais pensadores da liberdade, de modo geral) – e que poderíamos considerar como quarto elemento da nossa investigação: a incerteza relativa ao futuro. Quando se metem a conjugar verbos no futuro, dizemos que os gregos referem "futuro desiderativo". Natural: um verbo conjugado no futuro alude a simples possibilidade, nunca a uma realidade enquanto tal. Em outros termos, não se trata de algo que é, mas que pode, eventualmente, vir-a-ser e a acontecer.

    Nesse contexto, na arquitetônica herdada da mentalidade grega, harmonizada sem arestas com uma nossa condição "por natureza", há algo de excêntrico em dizer que alguém irá fazer algo amanhã. Essa conjugação, para um grego, não faz lá muito sentido em si, porque entre hoje e amanhã há um universo de coisas que podem se dar, um hiato que se pode preencher apenas na concretude do existir efetivo, jamais na projeção de uma intenção. Esta variedade de quadros projetados implica a impossibilidade absoluta de fazermos afirmações seguras sobre o porvir e, por este motivo, conjugar um verbo no futuro é desejar – nada mais do que desejar. É mesmo curioso analisar a etimologia das palavras gregas porque o significado da palavra revela muito. *Práxis*, que o português herdou do grego, aparece para dizermos, com alguma eventual variação, "prática". A maioria das vezes em que *práxis* aparece na literatura grega antiga está a indicar um caminho marcado pela incerteza. No universo peculiar de *práxis*, alguém conhece o ponto A, mas o ponto B permanece em larga medida oculto. É como atravessar uma floresta: preparamo-nos ao máximo, colhemos o maior número possível de informações, mas, uma vez lá dentro, podemos nos deparar com imensurável quantidade de contingências, manifestações da natureza, que nós não esperávamos ou desconhecíamos. Esta é uma nota distintiva que devemos levar em forte consideração para compreendermos, com a devida nitidez, não apenas a especulação filosófica grega (no âmbito da ética/política), mas também a filosofia moral de Rand, naquilo que as une enquanto fim último: a busca pela felicidade. Saber o que fazer não é suficiente. É preciso agir. Mas, de todos os problemas morais postos, o maior resulta de há muito termos perdido o contato com o sentido essencial do prático, como os gregos o experimentavam espontaneamente. É desse sentido que dependem a possibilidade da sua caracterização, enquadramento e compreensão. Caracterizar o horizonte prático é caracterizar a situação específica em que o Humano se encontra.

O sentido original do substantivo *práxis* é dificilmente vertido para o português por meio de termos como "ação" ou "prática". O verbo *práttein* significa "passar por", "atravessar". Quer dizer também estar sujeito ao acaso, ao feliz tanto quanto ao infeliz. Significa, ainda, "levar a cabo", "realizar", "cumprir". Nessa dimensão, o horizonte prático é o espaço no qual se dá aquilo pelo que se passa: as situações em que caímos e as situações que criamos. O homem existe desprotegido num horizonte que o deixa, sem apelo, exposto aos reveses da fortuna, aos caprichos do acaso, aos golpes do destino, à adversidade em geral.

A felicidade deve ser buscada num arco de tempo o mais possível constante, como resultado conquistado por uma *práxis* virtuosa sustentada pela tenacidade de boas escolhas racionais, impulsionadas pelas emoções. A felicidade (nem entre os gregos e, menos ainda, em Rand), não é uma dádiva dos deuses, distribuída a homens eleitos – ou a todos eles, indistintamente, porque estaria distribuída sem qualquer critério objetivo e, logo, investigações desta natureza não teriam razão de ser –, destinados a gozarem dela independentemente de suas ações concretas. Na formulação de Aristóteles:

> Se é melhor obter assim a felicidade através de certa aprendizagem e preocupação do que ser feliz por sorte, é mais razoável obtê-la desse modo. (*Ética a Nicômaco*, I, 9, 1099b 14-22).

Ora, se decisivas para a felicidade são as atividades autênticas realizadas de acordo com a excelência ética – enquanto as atividades opostas levam à infelicidade –, o esforço humano deve ser constante, se se deseja uma vida ancorada na legítima *eudaimonia* ("felicidade"), no arco de uma existência razoável.

O futuro é, para o homem, algo encoberto e, no limite, tudo o que ele pode fazer é, por meio de ação virtuosa, contra as adversidades típicas de sua existência, buscar a felicidade, o seu *télos*, a sua razão de ser, pelo maior tempo possível.

Quanto ao pensamento filosófico em si, ninguém se faz fora de uma linha rastreável de influências e pré-condições de existência. Rand, como todos os que a acompanham no curso da construção das filosofias que nos circunscrevem, é filha deste processo. Evidente: quando, a partir das próximas páginas, voltarmos o nosso olhar para ela, teremos dado um salto de 2.500 anos. Não obstante, de uma forma ou de outra, os elementos originários estão ali, clamando por seu reconhecimento e pela sua justa elevação.

PARTE II

CAPÍTULO 3

OBJETIVISMO[15]

O termo "Objetivismo" escolhido por Ayn Rand já nos oferece de imediato um dado relevante: o terreno no qual a sua filosofia opera é o de uma existência tangível, fenomênica, objetivamente "experienciável" – uma especulação filosófica ancorada na realidade enquanto tal. Na definição de Craig Biddle:

> O Objetivismo defende que a realidade é um dado *absoluto* – que fatos são fatos,

---

[15] Para uma visão articulada da vida de Ayn Rand, ver XAVIER, Dennys G. *Ayn Rand e os devaneios do coletivismo*. São Paulo: LVM Editora, 2019, pp. 17-78. (Coleção Breves Lições).

independentemente das esperanças, medos ou desejos de alguém. Existe um mundo independente de nossas mentes para o qual nosso pensamento deve corresponder se nossas ideias devem ser verdadeiras e, portanto, de uso prático para o indivíduo no viver, no perseguir valores e no proteger direitos.

Assim, o Objetivismo rejeita a ideia de que a realidade é, em última análise, determinada pela opinião pessoal, convenção social ou "decreto divino". As ideias ou crenças de um indivíduo não fazem da realidade aquilo que ela é, nem podem alterar diretamente qualquer coisa a respeito dela: ou correspondem aos fatos da realidade, ou não. Uma pessoa pode pensar que o Sol gira ao redor da Terra (como algumas pessoas, de fato, pensam); mas isso não faz com que seja assim.

Da mesma forma, ideias ou normas aceitas por uma sociedade ou cultura não têm efeito sobre a natureza da realidade; ou elas são compatíveis com os fatos da realidade, ou não são. Algumas culturas defendem que a Terra é plana, que a escravidão é boa e que as mulheres são mentalmente inferiores aos homens. Tais crenças não alteram a natureza [em si]; elas a contradizem; são falsas.

Quanto à alegada existência de um ser "sobrenatural" que cria e controla a realidade, não há evidência ou argumento racional em apoio a tal alegação. As coisas na *natureza* podem ser evidência apenas da existência de coisas na *natureza* (como, por exemplo, o registro fóssil é evidência para a evolução); elas não podem ser evidência da existência de coisas "fora da natureza" ou "acima da natureza" ou "além da natureza". A natureza é *tudo* o que há; é a *soma* daquilo que existe; qualquer coisa "fora da natureza" seria alguma coisa "fora da existência" – isto é: não existente. A natureza não é evidência da existência de uma "sobrenatureza". Não há evidência para a existência de um ser "sobrenatural"; existem apenas livros, tradições e pessoas que *dizem* que ele existe. Afirmações livres de evidência, apelos à tradição e à autoridade não são argumentos racionais; são falácias nos livros-texto de lógica.

Nem crenças individuais, nem consenso generalizado, nem a vontade de um ser "sobrenatural" têm qualquer efeito sobre a natureza real do mundo. A realidade não é criada ou controlada por consciências. A realidade simplesmente é. A existência simplesmente existe – e tudo nela é algo específico; tudo é aquilo que se é e pode agir apenas de acordo com a sua identidade. Uma rosa é uma rosa; ela pode florescer; ela não pode falar. Uma ditadura é uma ditadura; ela destrói a vida; ela não pode promover a vida. Fé é fé (i.e., a aceitação de ideias na ausência de evidências) levam a crenças sem fundamento e não podem fornecer conhecimento.

O significado prático desse ponto é que se as pessoas querem atingir seus objetivos – tais como obter conhecimento, acumular riqueza, alcançar felicidade, estabelecer e manter a liberdade – elas devem reconhecer e abraçar a natureza da realidade. A realidade não se curva aos nossos desejos; nós devemos nos conformar às suas leis. Se quisermos conhecimento, devemos observar a realidade e pensar; se quisermos riqueza, devemos produzi-la; se quisermos aproveitar a vida, devemos pensar, planejar e agir de forma apropriada; se quisermos liberdade, devemos identificar e lutar por ela. Não podemos atingir tais objetivos desejando, votando ou rezando[16].

Estamos a falar da contemplação da realidade e do repúdio de filosofia que, de algum modo, abarque elementos metafísicos em sentido clássico. Há apenas uma realidade: aquela que a razão pode conhecer. E se o homem escolhe não percebê-la, não há mais nada para ele perceber; se ele não tem consciência deste mundo, então, não tem consciência alguma. Temos, portanto, que os dados da nossa consciência são aqueles extraídos de realidade fática. Dados que serão ulterior motivo de análise e de investigação e que provêm de uma origem bem estabelecida: o mundo em sua concretude, sem projeções fantasiosas, ancoradas em crença ou experiências religiosas.

Não há, para essa filosofia, nada que possa ser objeto de séria investigação filosófica projetado

---

[16] BIDDLE, Craig. *O que é o Objetivismo?* Site Objetivismo, 14 de maio de 2017. Disponível em: https://objetivismo.com.br/artigo/o-que-e-objetivismo/. Acesso em: 02 de dez. 2020.

para além do real. Para tanto, tudo o que escapa aos sentidos e percepções cognitivas, ou seja, o que foge à possibilidade natural de conhecer, não é motivo de especulação filosófica séria ou fecunda:

> O único resultado da projeção mística de "outra" realidade é que ela incapacita psicologicamente o homem para esta. Não foi contemplando o transcendental, o inefável, o indefinível – não foi contemplando o inexistente – que o homem se ergueu da caverna e transformou o mundo material para que a existência humana fosse possível na Terra[17].

Talvez não seja preciso dizer que estamos diante de uma filósofa tocada pelo ateísmo[18] e, logo, por decisivo afastamento de qualquer elemento místico/sobrenatural atribuído à realidade. Mais do que isso, Rand afasta da arquitetônica objetivista toda forma de metafísica tradicional, inclusive, repropondo semanticamente o termo. A este propósito, vale ressaltar que o termo *metafísica* deve ter surgido em meados do século I a.C. Ele teria sido cunhado ou por Andrônico de Rodes, editor de Aristóteles, exatamente para classificar obra em edição dos textos aristotélicos, ou teria surgido logo em seguida, visto que, por causa da ordem de publicação de Aristóteles, o livro *Metafísica* teria vindo logo depois do *Física*, ou seja,

---

[17] BRANDEN, N. Saúde mental *versus* misticismo e autossacrifício. *In*: RAND, Ayn. *A virtude do egoísmo*. São Paulo: LVM Editora, 2020, p. 52.

[18] Sobre este ponto, ver o Apêndice com Lara Nesteruk.

depois (*metá*) do livro que trata das coisas da *physis*, da natureza entendida fisicamente. Num primeiro momento, então, imaginou-se que o termo *metafísica* teria mera função catalográfica, para se referir a um livro que vinha cronologicamente depois daquele que evocava coisas físicas.

No entanto, como bem registra Giovanni Reale,

> [...] por feliz coincidência, a expressão *tà metà tà physiká*, quando se dá a *metá* o sentido de "além" ou "acima", assume um significado que se presta perfeitamente para indicar o próprio conteúdo, ou seja, a pesquisa sobre o ser supra-sensível e transcendente, que é objeto dos catorze livros aos quais tal expressão [*metafísica*] foi imposta como título.
>
> Por isso, a posteridade, desde muito cedo, em vez da originária fórmula aristotélica "filosofia primeira" (*prote philosophia*) e de outras análogas [...] preferiu o termo "metafísica" porque, prescindindo das eventuais intenções de quem o cunhou, ele exprime de modo mais atual, mais eficaz e mais fecundo o que Aristóteles tem em vista nos catorze livros, ou seja, a tentativa de estudar e determinar as coisas que estão *acima* das físicas, ou seja, *além delas*, e que, portanto, podem muito bem ser qualificadas de *meta-físicas*.[19]

Essa é a "metafísica" negada pelo Objetivismo. De fato, quando chega a falar de metafísica no arcabouço da sua filosofia, o termo assume inclusive mesmo tensão semântica diametralmente oposta, segundo uma apropriação exótica (que subverte o sentido histórico do termo). Sobre este ponto, Rand afirma: "eu uso a palavra 'metafísico' com o seguinte significado: aquilo que pertence à realidade, à natureza das coisas, à existência"[20].

Essa torção semântica dá bem a medida da ontologia da realidade estabelecida por Rand. Essa é, sem dúvida, a base do Objetivismo como um todo, com especial ênfase em sua dimensão moral. A ideia de uma palavra sagrada, de um conteúdo de fé a ser levado em qualquer grau de consideração, cai por terra de maneira incisiva neste horizonte: Rand não abre exceções quando se trata de estabelecer os limites de possibilidade do conhecimento seguro. Sou frequentemente questionado por pessoas de fé sobre seu apreço por Rand, em relação a esse tratamento nada permissivo quanto a elementos não tangíveis de suposta realidade. É preciso dourar a pílula; pode-se, claro, apreciar posições randianas e procurar manter intacta a crença de cada um. Entretanto, cabe registrar, com todas as letras, que, de um ponto de vista exclusivamente objetivista, esta é uma coexistência conflituosa, quando não impossível, enquanto técnica/conceitualmente bem compreendida.

Em suma, nada impede um religioso de apreciar o Objetivismo, de respeitá-lo e até mesmo de concordar com ele em grande medida. Mas haverá ali

---

[19] REALE, Giovanni. *Metafísica*: ensaio introdutório. v. 1. São Paulo: Loyola, 2001, p. 28.

[20] RAND, Ayn. A ética objetivista. In: *A virtude do egoísmo*. São Paulo: LVM Editora, 2020, p. 24.

um rumor, uma aresta principiológica sempre a gritar se o que está em jogo é a impostação totalizante da vida objetivista.

Essa impostação vem descrita por Rand numa entrevista concedida à revista *Playboy*, nos anos sessenta[21]:

> *Playboy* – Miss Rand, seus romances e ensaios e, em especial, seu controvertido *best-seller*, *Atlas Shrugged* (*A Revolta de Atlas*), apresentam uma visão de mundo cuidadosamente projetada e intrinsecamente consistente. Na verdade, eles são a expressão de um sistema filosófico abrangente. O que você procura alcançar com esta nova filosofia?
>
> *Rand* – Eu busco prover os homens, ou aqueles que gostam de pensar, com uma visão integrada, coerente e racional da vida.
>
> *Playboy* – Quais são as premissas básicas do Objetivismo? Qual o ponto de início?
>
> *Rand* – Começa com o axioma de que a existência existe. O que significa que uma realidade objetiva existe, independentemente de qualquer observador ou das emoções do perceptor, sentimentos, desejos, esperanças e medos. O Objetivismo sustenta que a razão é o único meio pelo qual o homem percebe a realidade e é seu único guia para a ação.

---

[21] Pode-se encontrar a tradução de quase toda a entrevista para o português, realizada por Roberto Rachewsky, no *site* Objetivismo (https://objetivismo.com.br/artigo/entrevista-de-ayn-rand-a-revista-playboy/).

Por razão, eu quero dizer a faculdade que identifica e integra o material fornecido pelos sentidos do homem.

Eis que "a existência existe"! Isso, que a princípio poderia parecer uma enorme obviedade, parece ter sido ignorado por número expressivo de pensadores de diversas épocas, no parecer de Rand:

> Hoje, como no passado, a maioria dos filósofos concorda que o padrão final da ética é o capricho (eles o chamam de "postulado arbitrário", "escolha subjetiva" ou, ainda, "compromisso emocional"), e a batalha é, apenas, para saber de quem é esse capricho: do próprio indivíduo, da sociedade, do ditador ou de Deus?[22]

O Objetivismo é radical em sua proposta constitutiva, em sua cruzada contra a arbitrariedade de sofisterias míticas, desejos irracionais, emoções que antecedem ou condicionam o uso criterioso da razão. O Objetivismo é agressivo no combate à celebração de uma realidade como eu desejaria vê-la em benefício do que ela é (o real não existe para celebrar expectativas individuais). Mas, em que medida isso poderia ser interpretado como algo negativo, quando colocado em perspectiva com o que se deseja negar?

Muitos dizem que o Objetivismo é muito radical, quase utópico. Sim, é radical;

---

[22] RAND, Ayn. *Op. cit.*, p. 25.

infelizmente, muitos não conseguem verificar sua viabilidade porque estão, psíquica e epistemologicamente, encarcerados: logo, esse modelo derivado da observação da realidade conjugado com a lógica num processo racional, pareça utópico. Ayn Rand identificou os fundamentos do Objetivismo a partir dos ensinamentos de Aristóteles e da sua própria capacidade intelectual. Além, é claro, de ter tido a oportunidade de viver em sociedades e épocas tão distintas quanto a Rússia czarista, a União Soviética comunista, e os Estados Unidos, antes e depois da crise de 1929. O Objetivismo parece radical, mas não é utópico. Isso porque se baseia nos princípios metafísicos mais coerentes com a realidade objetiva, nos princípios epistemológicos mais coerentes com a nossa natureza racional, nos princípios éticos mais coerentes com os desafios existenciais que enfrentamos, e nos princípios políticos mais coerentes com uma sociedade que queira respeitar o indivíduo como ser consciente no contexto social. Da mesma forma, o Objetivismo parece radical porque todas as outras filosofias se moldam às correntes tradicionais que tratam o indivíduo como uma peça manipulável de um sistema de engrenagens, sobre o qual ele não teria nenhuma influência. Misticismo, dirigismo, destino manifesto, apriorismo, coletivismo, estatismo e utilitarismo se pode encontrar em praticamente todas as outras filosofias. No Objetivismo, não. *Tábula rasa*, livre-arbítrio, uso volitivo da razão, individualismo, capitalismo, leis naturais como a da identidade e da causalidade para determinar a moral, o dever a partir do ser, são pressupostos inegociáveis para os Objetivistas. Utópico para o ser humano é viver numa sociedade sem privacidade, onde o indivíduo é atordoado pela vida sem plena liberdade, onde a propriedade é relativizada ou suprimida, onde as relações sociais não são baseadas na confiança, na cooperação e na competição, mas em um estado permanente de suspeita, de medo, em que o uso da coerção prevalece sobre a liberdade. O Objetivismo, com suas respostas para enfrentarmos os problemas existenciais, realidade, razão, egoísmo, capitalismo e romantismo estético, é a menos utópica das filosofias modernas, e isso é corroborado ao fazermos a pergunta: qual sistema que, quando aplicado, é melhor para o ser humano, para o indivíduo, para o seu bem-estar. Aquele que se baseia no coletivismo estatista ou o que se baseia no individualismo de mercado? A resposta é autoevidente, basta olharmos o mundo com foco e honestidade. O Objetivismo não defende uma utopia, mas apenas que o ser humano use aquilo que o faz diferente de todos os seres vivos, uma mente com a capacidade e faculdade volitiva de pensar. Uma sociedade civilizada é possível, basta os homens, como seres racionais que são, fazerem um esforço para se livrarem do cárcere em que eles mesmos preferem estar[23].

A razão, em Rand é ferramenta, mas não uma ferramenta qualquer: para a nossa autora, a razão é um absoluto. É o que nos difere e qualifica. É o que condiciona uma apropriação adequada da realidade. Exploremos um pouco mais esse ponto.

Organismos menos complexos do ponto de vista constitutivo, tais como as plantas, são detentores de faculdades automáticas, naturalmente determinadas, às quais estão "condenados" a obedecer. Uma planta que se vale da luz do sol para sobreviver fará o possível para por ela ser tocada, sem ter em conta dados "de consciência", liberdade ou ato volitivo. Ela está fadada a essa busca, não podendo sabotá-la por meio de "escolha" diversa; ela não pode escolher se matar, escolher algo diverso do que se configure essencial para a sua vida, e, portanto, a respeito de organismos como esses, não se deve falar em arbítrio: a planta submete-se a todos os seus desígnios naturais e está sempre buscando melhores condições de existência. Se uma flor gosta e precisa de sol e está instalada em um ambiente onde não haja iluminação solar, ela começa a se inclinar em direção ao sol. Ela não delibera sobre eventual vontade de repousar sob o sol, por causa da sua submissão aos seus desígnios naturais. Por isso mesmo, *a fortiori*, busca no sol os elementos necessários para a sua existência:

> Uma planta não tem escolha de ação; os objetivos que ela persegue são automáticos e inatos, determinados por sua natureza.

---

[23] RACHEWSKY, R. *O Objetivismo é uma filosofia radical?* Site Objetivismo, 15 de outubro de 2020. Disponível em: https://objetivismo.com.br/artigo/o-objetivismo-e-uma-filosofia-radical/. Acesso em: 02 de dez. 2020.

Nutrição, água e luz solar são os valores que sua natureza determinou que buscasse. Sua vida é o padrão de valor que dirige suas ações. Existem alternativas nas condições que encontra em seu meio-ambiente físico – tais como calor e frio, seca ou inundação –, e há certas ações que é capaz de executar para combater condições adversas, como a habilidade de algumas plantas de crescer e rastejar por baixo de uma pedra para alcançar a luz solar. Mas sejam quais forem as condições, não há alternativa no funcionamento de uma planta: age automaticamente para sustentar sua vida e não pode agir para a sua própria destruição[24].

Ora, não há apenas organismos biologicamente simplórios ou basilares. Aqueles considerados "superiores", dotados de algum grau de consciência não rudimentar, têm tanto necessidades mais complexas quanto um mais largo espectro nas formas de agir para satisfazê-las. Uma planta, segundo Rand, pode obter seu alimento do solo onde cresce; um animal tem que caçá-lo (ou obtê-lo de modo "não-automático"); o homem deverá *produzi-lo*, segundo ação intencional, plural em suas possibilidades. Neste caso, há uma relação de absoluta proporcionalidade: quanto maior a extensão de consciência do organismo, maior a variedade de ações requeridas para a sua sobrevivência. No entanto, no caso do homem, o espectro de elementos presentes para a sobrevivência vai além de meras ações reativas. Eis que, por via

---

[24] RAND, Ayn. *Op. cit.*, p. 28.

de consequência, há de se admitir que, ao contrário da planta, o homem não tem um código moral de sobrevivência que o condene e o submeta. Um animal dotado de consciência rudimentar não arbitra sobre as habilidades que adquire: simplesmente utiliza aquela que, de geração em geração, se mostrou a mais fecunda. Ele não consegue divergir de suas determinações naturais ou excluir-se delas de algum modo. O cachorro levado para passear ao meio-dia, quando repousa a pata no chão quente, fica incomodado e quer sair dali. Não é porque ele esteja a desejar, segundo cálculo reflexivo, que o dono o leve para a sombra, porque lá será mais agradável; é porque aquela sensação o incomoda, atrapalha-o na sua existência, coloca a sua vida submetida a certo tipo de ameaça. Ele reage no plano da sensação. Portanto, um organismo que tem apenas a faculdade da sensação é orientado pelo mecanismo prazer e dor do seu corpo, ou seja, pelas percepções (que, para o homem, aponta caminhos, ainda que demande reflexão adicional).

Já o homem, em sua diversidade, não tem um curso automático de ação, nem um conjunto automático de valores. Seus sentidos não lhe dizem espontaneamente o que é bom ou o que é mau para ele, o que será benéfico para a sua vida e o que a colocará em perigo, que objetivos ele deve perseguir e com que meios poderá alcançá-los, quais são os valores de que sua vida depende, que curso de ação ela requer. Para a planta, as determinações biológicas que se impõem, é quanto basta. Para os homens –, espécie mais evoluída sobre a Terra, no dizer de Rand –, é preciso teia de valores concebidos segundo estrutura conceitual, obtidos de forma não-automática. Não existe especulação sobre ideias inatas, sobre um conteúdo mental inato, naturalmente próprio do homem. Nós somos folha em branco. Mas, temos uma condição natural e biológica que nos permite pensar, elaborar e calcular de modo racional as nossas decisões. Essa possibilidade será colocada em movimento para construir um código moral, um código de conduta que seja adequado à manutenção e existência de cada um:

> O homem não possui nenhum código de sobrevivência automático. O que o distingue de todos os outros seres vivos é a necessidade de agir em face de alternativas por meio da *escolha de sua vontade*. Ele não possui um conhecimento automático do que é bom ou mau para ele, de quais são os valores em que se baseia sua vida, de que curso de ação tais valores precisam. Vocês vivem falando em instinto de autopreservação, não é? Pois *instinto* de autopreservação é justamente aquilo que o homem não tem. "Instinto" é uma forma de conhecimento automática e infalível. Um desejo não é um instinto. Um desejo de viver não dá a vocês o conhecimento necessário para viver. E até mesmo o desejo de viver do homem não é automático: o mal secreto de que são culpados hoje é justamente o fato de que vocês *não* têm este desejo. O seu medo de morrer não é amor à vida e não lhes dará o conhecimento necessário à preservação dela[25].

A faculdade humana que governa o processo de construção de teia conceitual necessária à sobrevivência é a razão. É o processo do pensar. A razão opera como um centro de identificação e de operação do material que recolhemos das percepções sensoriais, do mundo da *empeiria*, da experiência. No entanto – e esse é ponto central da argumentação –, este processo não acontece de forma reativa ou biologicamente determinada. *Pensar não é uma função automática*! O homem pode escolher não pensar, simples assim. Pode escolher não focar a sua mente, não dirigi-la, não criar estado de atenção ou de consciência ativa. Um homem que desiste de focar sua mente para atingir uma consciência elaborada da realidade, com objetivo bem determinado por cálculo racional, abraça condição, em termos randianos, sub-humana, ou indigna da condição humana de que dispõe.

Para Rand, o homem não pode sobreviver orientando-se meramente por percepções e reações instintivas. O homem faz cálculo racional sobre o que sente: avalia condições para a satisfação ajustada das suas necessidades. O homem que foca a sua mente se projeta para além de instintos ou inclinações. Cabe a ele, colocando em movimento ato de pensar, descobrir o verdadeiro e o falso sobre situação em que se encontra e corrigir eventuais erros (com efeito, o fato de dispor de razão não faz do homem um robô, infalível em sua análise ou na validação de conceitos.

---

[25] RAND, Ayn. *A revolta de Atlas*. São Paulo: Arqueiro, 2010, p. 1055.

Em termos randianos, a natureza não oferece garantia automática da eficácia do esforço mental, logo, por óbvio, o homem erra, e deve, na medida de suas possibilidades, corrigir seus erros.

Num celebre discurso d'*A Revolta de Atlas*:

> Afirma-se que o homem é um ser racional, porém, a racionalidade é uma questão de opção – e as alternativas que sua natureza lhe oferece são estas: um ser racional ou um animal suicida. O homem tem que ser homem – por escolha, ele tem que ter sua vida como um valor; por escolha, tem que aprender a preservá-la; por escolha; tem que descobrir os valores que ela requer e praticar suas virtudes. Por *escolha*[26].

O uso focado da razão impede que o homem aja como uma fera, dependente de suas necessidades momentâneas. Um homem pode escolher não pensar e agir como um animal qualquer, eventualmente conseguindo satisfação pontual dos seus desejos. Assim agem criminosos, ditadores, parasitas da liberdade alheia. Devemos, com efeito, evitar essa lamentável condição sob pena de existência indigna de nossas possibilidades. Se homens caminham em sentido contrário, tentando sobreviver por meio de fraude, violência, força bruta ou qualquer outro tipo de coação (que pode ou não ser referendada por estruturas formais de governo), colocam-se como aproveitadores do esforço de suas vítimas,

---

[26] RAND, Ayn. *Op. cit.*, p. 336.

brutamontes saqueadores do esforço, do empenho alheio, que não se inspiram naqueles que realizam, mas que os destroem na busca da satisfação imediata de desejos primitivos, tão primitivos quanto os que por eles são movidos.

Nas palavras de Roberta Contin,

> [...] para pensar, o homem deve orientar sua mente para seus objetivos e se comprometer a apreender totalmente a realidade. Você pode perceber a realidade e achar que, frente a ela, está pensando, mas, em vez disso, estar apenas tentando criar em sua mente uma realidade desejada (inexistente, portanto). Nesse caso, o homem não estará usando a razão, ainda que perceba a realidade, pois está colocando um "eu desejo" acima de um "isso é", como ensina Ayn Rand.
>
> E essa é apenas uma forma de evasão. Há muitas outras – "Deus quis assim", "recebi um sinal de que esse era o melhor caminho", "meu coração falou mais alto", "há uma pressão social nesse sentido", "não poderia ter agido diferente", "o meio em que fui criado me leva a tomar certas decisões", enfim, há muitas tentações para desviar o foco da realidade. E a evasão é a essência do mal, segundo Rand. Todas esses são exemplos de situações em que é possível que se tenha percebido a realidade, mesmo tendo optado por não pensar, por evadir, por se esquivar. Por isso, é tão importante para o Objetivismo que o homem permaneça orientado para a realidade.

Para pensar, portanto, a mente persegue um longo caminho; há alicerces, há níveis de percepção, há formação de conteúdo mental, há eleição de razões que movem as ações e há, principalmente, a escolha de colocar tudo isso em prática. O pensar não é um ato involuntário tampouco automático. Porém, para a felicidade dos que optam por usar sua mente com consistência e frequência, estar focado se torna cada vez mais normal, ficando difícil abandonar o controle da sua própria mente e da razão, que é o maior meio de sobrevivência do homem[27].

Entre a ideia e a realidade, esta última oferece sempre a palavra final. No interior do Objetivismo randiano, no conflito entre uma ideia e um fato, a realidade sempre se impõe à ideia. Temos, deste modo, uma primazia da realidade sobre a consciência. A realidade se impõe à consciência, na medida em que a consciência é sempre consciência *de* alguma coisa. Logo, não existe consciência vazia. A consciência que não é consciência de algo, não é consciência. Não é a consciência que cria a realidade. O real não deve ser algum tipo de projeção para além de nossa capacidade de apreendê-lo.

O processo de formação de conceitos se concretiza na relação percepção e abstração. Formular conceitos não é um estado passivo, é

---

[27] CONTIN, Roberta. *Como percebo a realidade? Site* Objetivismo, 02 de fevereiro de 2020. Disponível em: https://objetivismo.com.br/artigo/como-percebo-a-realidade/. Acesso em: 11 de nov. 2020.

ativamente sustentado. O ser humano percebe o mundo através da matéria do mundo que lhe é dada, interioriza e há um processo de consciência que calcula, racionalmente, aquilo que, para o indivíduo, é benefício e aquilo que é malefício em termos de manutenção da sua existência mais feliz ou menos feliz. É preciso enfatizar que compreender relacionamentos, diferenças, similaridades em nosso material perceptual, ou seja, o material que se percebe pelos sentidos, e abstraí-los em novos conceitos, traçar inferências, fazer deduções, alcançar conclusões calculadas de modo racional, fazer novas perguntas, descobrir novas respostas e ampliar nosso conhecimento em um total *sempre-crescente*, não acontece por meio de reação instintiva. O aparato do qual dispomos é natural, mas deve ser colocado em movimento por nós mesmos.

Somos apenas seres *potencialmente* filosóficos, nesse sentido. O ser humano tem a faculdade de renunciar a isso, enquanto um animal ou uma planta são incapazes de operar tal aspecto em termos de potencialidade. Por conseguinte, o exercício do pensar, da aplicação da faculdade da razão, na construção de conceitos fundamentais para a nossa existência, é um ato volitivo, de vontade dirigida, de consciência e objetivo de cálculo e de abstração. Ora, estamos diante de um processo de construção de saberes que vão se mostrando mais úteis, mais apropriados para nossa existência; ou menos úteis, menos apropriados à nossa existência. O processo de cálculo racional é um processo de ajuste fino. Não basta fazer o esforço mental, ou colocar aparato cognitivo em movimento para estabelecer o que é bom ou mau para o indivíduo. É necessário depurar esse processo e se afastar de tudo aquilo que se mostra nocivo à existência individual no tempo histórico.

Ninguém é obrigado a viver. A racionalidade é *opção*. O homem tem que ser homem por *escolha*. Ninguém é obrigado a pensar: esse é um ato de escolha moral. Não importa a extensão dos seus conhecimentos. A sua mente é o seu único juiz sobre o que é ou não verdadeiro. Em caso de discordância, há uma última e decisiva instância de apelação: a realidade. Nós podemos e vamos errar neste processo moral. Nossa única proteção contra o erro e a favor da possibilidade de corrigi-lo é o nosso próprio rigor ao lidar com razão/realidade. A alternativa seria bizarra e indesejável: falsear o processo, utilizar dados falsos e nos esquivarmos do esforço da busca. Um homem racional trabalha pela vida. Um indivíduo irracional, ao contrário do que crê estar fazendo, trabalha para a sua morte, mais rápida ou mais lenta, mas para a sua morte. Em linguagem inadequada, diz Rand, poderíamos dizer que o único mandamento moral do homem é: "Pensarás". Linguagem inadequada porque não se trata de um "mandamento", mas sempre de uma escolha: a razão não aceita mandamentos.

Nada é dado ao homem na Terra, exceto um potencial e o material para realizá-lo, enfatiza Rand: somos seres focados *em potência*, mas precisamos colocar isso *em ato*. Uma semente de uma árvore é uma árvore *em potência*, ela traz em si essa capacidade, essa possibilidade. Quando a semente vem-a-ser uma árvore, há a *atualização* das potencialidades da semente. É dado ao homem o potencial de se realizar enquanto ser racional. Portanto, o que nos é dado pela natureza é, justamente, o potencial de nos realizarmos – a potencialidade de nos realizarmos como seres racionais – e nós temos o material para essa realização. Se vamos fazer isso ou não, cabe a cada um. O potencial é uma máquina superlativa: a nossa consciência; mas é uma máquina sem vela de ignição, uma máquina cuja *vontade* deve ser a própria vela de ignição. Temos que adicionar vontade e ambição para colocar essa máquina em movimento.

Em que medida essa concepção objetivista de mundo, da realidade, de que "o real existe", de que as coisas são como são e de que a razão, como um absoluto, deve focar na construção de valores viáveis para a nossa sobrevivência, vão implicar modo ético de vida?

CAPÍTULO 4

A ÉTICA OBJETIVISTA

Antes de iniciar o ponto que se me impõe, cabe ressaltar que, quando falo de Ética, evoco uma dimensão do que Aristóteles denomina "filosofia prática"[28]. Há quem diga, em evidente tom de brincadeira, que Filosofia é "aquela coisa com o qual ou sem o qual, o mundo fica tal e qual"; um tipo de especulação que joga pouco sobre a concretude de nossas vidas. Há mesmo uma dimensão especulativa, por assim dizer, "inútil", se pensarmos em termos de utilitarismo prático/verificável. A metafísica, entendida em sentido clássico, por exemplo, é uma

---

[28] O termo foi usado pela primeira vez por Aristóteles, em passagem do livro II (ou Alfa Menor) da sua *Metafísica*.

delas. Não se constrói modo mais confortável ou justo de vida, mais ajustado de convivência ou, sabe-se lá, aviões mais seguros, ao investigar a natureza ontológica do Ser enquanto tal! Podemos ter noções e cognições de coisas, eventos e acontecimentos em diversos níveis de aplicação. As ciências práticas – e aqui me limito à ética/política –, no entanto, têm seu início e seu fim no próprio sujeito que age: ações morais. Quanto a isso:

> A denominação de "prática" deriva do objeto dessa ciência, constituído pelas coisas "praticáveis", isto é, pelas ações, pela *práxis*, que têm princípio na escolha, na iniciativa do homem [...]. A ação, em suma, caracteriza a filosofia prática, seja como objetivo, seja como objeto, no sentido de que a única região da realidade na qual é possível, segundo Aristóteles, transformar o estado de coisas é a esfera constituída pelas ações humanas[29].

É inevitável: o modo de ver a vida determina o modo de se vivê-la. A maneira como enxergamos a realidade calibra as nossas ações. Nessa perspectiva, por exemplo, se eu acredito em uma divindade, se eu acredito na possibilidade de existir um deus que esteja a me observar, ou a observar o meu comportamento e o meu pensamento, é quanto basta para balizar, de modo muito específico e decisivo, a minha maneira de proceder em sociedade ou enquanto indivíduo.

---

[29] BERTI, Enrico. *As razões de Aristóteles*. São Paulo: Loyola, 1998, p. 117.

Estamos no universo da filosofia da ação. Não é mero exercício intelectual, não é apenas uma filosofia do pensamento pelo pensamento, não é algo inspirado no comportamento mecânico do cosmos, dos corpos, dos átomos. Não. É uma filosofia com implicações na realidade fática, no modo de ser, no único espaço da existência humana, modificável, modulável por ato de decisão (não posso decidir sobre a órbita dos seres celestes, ou sobre o movimento do elétron na eletrosfera, ou sobre as forças da gravidade como um todo, mas posso dar novos destinos à minha existência em âmbito ético de ação/decisão). Por esse ponto de vista, não há, para Ayn Rand, determinismo histórico, inatismo, apriorismo, condenação a ser isso ou aquilo ou qualquer forma de desígnio – este é um pressuposto do seu Objetivismo.

Retomando a ideia de *práxis* e de futuro aberto, a nossa existência é a incerteza do amanhã. Não há determinação prévia. O que há é livre arbítrio, isto é, a construção da realidade a partir de esforço, razão, mundo real. Os termos de Rand, como de costume, não deixam margem para interpretações criativas: para permanecer vivo, o homem deve pensar, a razão não atua automaticamente e as conexões lógicas não são feitas por instinto. A função de certos órgãos – estômago, coração, pulmões – é automática, mas a da mente não. Somos livres, inclusive, para escaparmos do melhor da nossa natureza e cairmos num irracionalismo a toda prova.

Não há determinismo histórico, nem moralidade congênita. Nós não nascemos com um tipo de codificação moral ou ética prévia. Ninguém nasceu com pré-determinações, com o pensamento certo do que é ser justo, segundo os Mandamentos, por exemplo, ou segundo tábua de categorias éticas apriorísticas. Não há isso. A construção de um modelo ético e moral, a construção de um agir razoável dentro da sociedade, dependem de cálculo racional e da concretude do real. É fundamentalmente isso. O binômio: realidade e racionalidade.

Se, portanto, não existe determinismo histórico, destino – e, logo, não há isso de estarmos condenados a um ciclo histórico ou a uma moralidade congênita – temos, como consequência, que a própria vida é o nosso mais alto padrão moral, segundo Ayn Rand. Nesse sentido, portanto, a vida do indivíduo é o *metron*, ou seja, a régua/medida a partir da qual iremos estimar tudo aquilo que concerne ao modo de ser em sociedade e, antes disso, enquanto seres particulares:

> Em resposta àqueles filósofos que alegam que nenhuma relação pode ser estabelecida entre os fins ou valores últimos e os fatos da realidade, permita-me enfatizar o fato de que, para existir e funcionar, as entidades vivas necessitam da existência de valores e de um valor último, que é a sua própria vida[30].

A *minha vida* é o padrão moral mais alto a ser cultivado por mim na condição de *indivíduo*. Dessa maneira, tudo o que, por via de consequência, afeta a *minha vida*, enquanto medida fundamental da *minha*

---

[30] RAND, Ayn. A ética objetivista. *In: A virtude do egoísmo*. São Paulo: LVM Editora, 2020, p. 27.

existência, deve ser rechaçado por meio de cálculo racional. Eis que:

> O significado atribuído à palavra "egoísmo" na linguagem popular não é apenas errado; representa um pacote de ideias intelectualmente devastadoras que é responsável, mais do que qualquer outro fator, pelo limitado desenvolvimento moral da humanidade.
>
> No uso popular, a palavra "egoísmo" é sinônimo de maldade; a imagem que invoca é de um brutamontes homicida que pisoteia pilhas de cadáveres para atingir seus objetivos, que não se preocupa com nenhum ser vivo e que busca, apenas, a satisfação imediata de caprichos insensatos.
>
> Porém, o significado exato de "egoísmo" presente no dicionário é: a preocupação com seus próprios interesses.
>
> Esse conceito não inclui uma avaliação moral, ou seja, não nos diz se a preocupação com nossos interesses é boa ou má, nem o que constitui os interesses reais do homem. É uma tarefa da ética responder a tais questões[31].

Estamos diante dos primeiros passos compositivos do assim denominado "Egoísmo Virtuoso" de Ayn Rand. Na medida em que o mais alto critério moral disponível é a minha vida, nada

---

[31] RAND, Ayn. *Op. cit.*, p. 15.

mais natural do que ações ancoradas num egoísmo entendido em sentido não vulgar. A ressalva se faz necessária: para o homem dos séculos XX/XXI, trata-se de termo contaminado por um peso semântico que nada tem a ver com a sua definição própria, sobretudo segundo tensão impressa pela filosofia de Rand. Aliás, como bem registra o Prof. Stephen Hicks:

> O título provocador da obra *A virtude do egoísmo* de Ayn Rand coincide com sua tese igualmente provocadora sobre ética. A ética tradicional sempre suspeitou do autointeresse, prezando atos que são abnegados (altruístas) em intenção, acusando de amoral ou imoral qualquer ato motivado pelo autointeresse. Na visão tradicional, uma pessoa autointeressada não levará em conta os interesses dos outros e, pior, atacá-los-á – se necessário – na busca do seu próprio interesse.
>
> A visão de Rand é que o exato oposto é verdadeiro: o autointeresse, corretamente entendido, é o padrão de moralidade; e o altruísmo, a imoralidade mais profunda.

Logo,

> De modo fundamental, a razão é o único meio de que dispõem os seres humanos. Nossa capacidade de razão (raciocínio) é o que nos permite sobreviver e prosperar. Não nascemos sabendo o que é bom para nós: isso é aprendido. Não nascemos sabendo como alcançar o que é bom para nós: isso *também*

é aprendido. É por meio da razão que, por exemplo, (i) diferenciamos comida e veneno, (ii) entendemos quais animais são úteis ou perigosos, (iii) produzimos ferramentas, (iv) julgamos quais formas de organização social são válidas, e assim por diante.

Assim, Rand defende o autointeresse *racional*: o interesse do indivíduo não é qualquer coisa que ele *acha* que seja; pelo contrário, é através da razão (e não da emoção) que um indivíduo identifica o que *está* ou *não está*, de fato, em seu interesse. Pelo uso da razão, um indivíduo leva em conta todos os fatores que pode identificar, projeta as consequências dos cursos potenciais de ação, e age de acordo com princípios claros e objetivos.

Os princípios que uma pessoa deveria adotar são chamados de *virtudes*. Uma virtude é um atributo de caráter adquirido que resulta da identificação racional de um princípio como bom, e de sua aplicação consistente na prática.

Uma dessas virtudes é a *racionalidade*: tendo identificado o uso da razão como fundamentalmente bom, a virtude da racionalidade diz respeito a estar comprometido a agir de acordo com a razão. Outra virtude é a *produtividade*: dado que os valores necessários para sobreviver devem ser produzidos, a virtude da produtividade diz respeito a estar comprometido com a produção desses valores. Outra é a *honestidade*: dado que os fatos são fatos (A=A), e que a vida de um indivíduo depende de conhecer e agir de acordo com os fatos, a virtude da *honestidade* diz respeito a estar comprometido com a identificação dos fatos.

Independência e *integridade* são também virtudes centrais da definição de autointeresse de Ayn Rand. Posto que um indivíduo deve pensar e agir por seus próprios esforços, estar comprometido com uma política de ação independente é uma virtude. E dado que o indivíduo tanto identificar o que está em seu interesse e agir para alcançá-lo, a virtude da integridade diz respeito a estar comprometido a agir com base em suas próprias crenças. A política oposta de acreditar numa coisa e fazer outra é, obviamente, o vício da hipocrisia; e a hipocrisia é a política de autodestruição, na visão de Rand.

Justiça é a outra virtude central do autointeresse: justiça, na interpretação de Rand, significa a política de julgar pessoas, incluindo a si próprio, de acordo com seus valores – agindo de acordo. A política oposta – de dar aos outros mais ou menos do que merecem – é a injustiça. A virtude final na lista de Rand é o *orgulho*, a política de "ambição moral", nas palavras de Rand. Isso significa estar comprometido em se tornar a melhor versão de si mesmo, de moldar o seu caráter da forma mais elevada possível[32]. (HICKS, 2018).

---

[32] HICKS, Stephen. *Reflexões sobre a ética do egoísmo racional*. *Site* Objetivismo, 30 de janeiro de 2018. Disponível em: https://

O ponto sobre o qual não deve restar dúvidas é: homens agindo segundo os seus interesses racionalmente concebidos não entrarão num conflito de interesses. Homens diante de situação de hipotético conflito, quando focam suas mentes e avaliam de modo concreto, sem motivação caprichosa ou autopiedosa, a realidade que diante deles se desvela, compreendem suas respectivas posições e tendem a atuar de modo justo. Por evidente, quando um desejo, seja qual for sua natureza ou causa, torna-se uma premissa ética, e a gratificação de todo desejo é tomada como um objetivo ético (como "a maior felicidade para o maior número"), os homens não têm outra escolha senão odiar, ter medo e lutar uns contra os outros, já que seus desejos e interesses, necessariamente, colidem.

> Se "desejo" é o padrão ético, então, o desejo de um homem de produzir e o desejo de outro de roubá-lo têm igual validade ética; o desejo de um homem ser livre, e o desejo de escravizá-lo, têm igual validade ética; o desejo de um homem de ser amado e admirado por suas virtudes, e o desejo de outro de amor e admiração imerecidos, têm igual validade ética [...]. Se for assim, então, a única escolha possível para o ser humano é roubar ou ser roubado, destruir ou ser destruído, sacrificar os outros por seus desejos ou sacrificar a si mesmo pelos desejos dos outros. Portanto, a

---

objetivismo.com.br/artigo/reflexoes-sobre-a-etica-do-egoismo-racional/. Acesso em: 03 de dez. 2020.

única alternativa ética do homem é ser um sádico ou um masoquista[33].

Portanto, a ética que Ayn Rand está a propor é composta por arcabouço moral que violenta, causa uma torção no modo como, em geral, o homem "altruísta" pensa e opera. As dificuldades derivadas daí se multiplicam, mesmo porque herdamos, com não rara frequência, educação modulada em perspectiva ética diferente. Fomos e somos criados para crer que ser egoísta é algo negativo, algo a ser deplorado, repreendido. De fato, ser egoísta em sentido vulgar, banal, daquele egoísmo não calibrado pelo *lógos*, é negativo. Mas nunca se tratou disso em Ayn Rand. O fato de alguém "sentir" algo não faz *a fortiori* com que tenha razão. Nossos anseios ou o que "achamos" ou o que "desejamos" não são padrões morais racionais de comportamento, mas apenas caprichos de uma mente desfocada, perdida em meio a inclinações e paixões. O egoísmo racional jamais demandará o sacrifício do outro para se realizar.

A ética objetivista afirma que o bem de um indivíduo não requer, por via de consequência, sacrifícios humanos e não pode ser alcançado pelo sacrifício de ninguém. Interesses racionais não colidem, não se anulam – não há conflitos de interesses entre homens que não desejam o que não merecem!

A ética altruísta cria, por sua vez, uma geração de hipócritas:

---

[33] RAND, Ayn. *Op. cit.*, p. 41.

> Se for verdade que a minha definição de "egoísmo" não é a convencionalmente aceita, então, esta é uma as piores acusações que podem ser feitas contra o altruísmo: significa que o altruísmo não tolera o conceito de um homem que respeita a si próprio, que sustenta sua vida pelo próprio esforço e não sacrifica a si mesmo pelos outros, nem sacrifica os outros para si mesmo. Significa que o altruísmo não tolera outra visão dos homens que não seja a de animais para sacrifício e beneficiários do sacrifício alheio, como vítimas e parasitas – que não tolera o conceito de uma coexistência benevolente entre os homens – que não tolera o conceito de justiça[34].

E quais seriam as causas de tantos se dobrarem bovinamente a essa ética do sacrifício alheio, de supostos direitos de outros impostos a nós, de parasitismo institucionalizado? Cinismo e culpa, diz Rand. *Cinismo* porque ninguém, de bom grado, aceita a moralidade altruísta, logo, *culpa*, porque não se atrevem a rejeitá-la. Homens corajosos e autênticos, dispostos a expor as entranhas hipócritas do altruísmo devem ser "cancelados", como dito em linguajar moderno. Devem ser silenciados, uma vez que são perigosos demais para os padrões malignos da celebrada existência de submissão.

Qual a dificuldade em se compreender tese de tal forma límpida? Se fazer o bem para o outro está

---

[34] RAND, Ayn. Introdução da autora. *In: A virtude do egoísmo*. São Paulo: LVM Editora, 2020, p. 17.

em seu horizonte moral, ou seja, se fazer o bem para outra pessoa está no espectro do seu autointeresse, não há problema algum, uma vez que continua a se tratar de um egoísmo voltado ao autointeresse (e, portanto, não estamos mais a tratar de "sacrifício", *stricto sensu*!). Não podemos nos enganar a dizer que o egoísmo objetivista é um egoísmo que não contempla terceiros. Contempla-os, mas apenas na medida em que o outro se coloca no horizonte moral de existência do interessado, segundo cálculo racional.

Se um homem aceita a ética do altruísmo, declara Rand, sofre as seguintes consequências (em proporção ao grau de sua aceitação):

1. falta de autoestima – sua primeira preocupação no campo dos valores não é como viver a sua vida, segundo critérios definidos pela razão, de acordo com a justiça, mas como sacrificá-la (pronto para ser imolado no altar do sacrifício exigido pelos "outros");

2. falta de respeito pelos outros – imagina que o mundo seja composto por um bando de mendigos condenados e incapazes destinados a depender em tudo de terceiros;

3. uma visão tenebrosa da existência – crê estar imerso num universo terrível, no qual as desgraças são o fim último da vida;

4. uma indiferença letárgica à ética, ancorada em vida sem quaisquer princípios morais legítimos[35].

O termo chave aqui é "sacrifício". De acordo com Rand, sacrifício é a renúncia de um valor maior por um valor menor, ou algo sem valor. É a oferta de algo mais importante tendo por contrapartida algo menos importante. O altruísmo propõe uma troca deplorável a homem minimamente decente, enquanto mede a virtude de alguém pelo grau de renúncia a seus valores mais altos em função do que dele "se espera" (a ajuda a um estranho, comenta Rand, ou a um inimigo é, no arcabouço da ética altruísta, inclusive considerada mais virtuosa, menos "egoísta", do que a ajuda àqueles que se ama). Pois o princípio virtuoso de conduta exige o exato oposto, vale dizer, sempre aja de acordo com a hierarquia dos seus valores, e nunca sacrifique um valor maior por um menor.

Como bem lembra Rand:

> Um amor "abnegado", "desinteressado", é uma contradição em termos: significa que se é indiferente ao que se valoriza.
>
> A preocupação com o bem-estar daqueles que se ama é uma parte racional do interesse egoísta. Se um homem que é perdidamente apaixonado por sua esposa gasta uma fortuna para curá-la de uma doença perigosa, seria absurdo afirmar que o faz como um "sacrifício" por ela, não por ele mesmo, e que não faz nenhuma diferença para ele, pessoal e egoisticamente, que ela viva ou morra.

---

[35] RAND, Ayn. A ética nas situações de emergência. In: *A virtude do egoísmo*. São Paulo: LVM Editora, 2020, p. 60.

Qualquer ação que um homem empreende em benefício daqueles que ama não é um sacrifício se, na hierarquia de seus valores, no contexto total das escolhas abertas a ele, conquista aquilo que é de maior importância pessoal (e racional) para ele. No exemplo acima, a sobrevivência da sua esposa é de maior valor para o marido que qualquer outra coisa que seu dinheiro possa comprar, é de maior importância para a sua própria felicidade e, portanto, sua ação não é um sacrifício[36].

Numa perspectiva altruísta, de fato, há uma inversão basilar: o outro (ou o interesse do outro) é prioridade para mim, eu não sou a prioridade. Os efeitos são dramáticos: um industrial que produz uma fortuna e um *gangster* são considerados igualmente imorais, porque eles são "egoístas". O bandido ou o empresário empenhado são, ambos, "egoístas", logo, segundo parecer altruísta, merecem forte recriminação. Com esta forma de pensar, não sem efeito, criamos uma casta de seres humanos que celebram a derrota ou a infelicidade, não como possibilidade, mas como realidade concreta, frequentemente "desejada", como símbolo de uma forma estranha de desapego ou de suposta compaixão (que nada mais é do que servidão maquiada). O que se pede na visão altruísta é: se tiver que escolher entre salvar a sua esposa, a quem você ama, ou salvar a vida de cinquenta estranhos, pelos quais você não nutre

---

[36] RAND, Ayn. *Op. cit.*, p. 61.

qualquer particular forma de afeto, salve os estranhos, mesmo que indiferentes ao seu arcabouço moral! Isso não faz qualquer sentido:

> O método apropriado para julgar quando ou se alguém deve ajudar outra pessoa é por referência ao seu próprio autointeresse racional à sua própria hierarquia de valores: o tempo, dinheiro ou esforços gastos, ou o risco que se corre, devem ser proporcionais ao valor da outra pessoa em relação à sua felicidade[37].

Existe um exemplo interessante, evocado por Ayn Rand, para ilustrar, segundo caso concreto, a radical diferença estabelecida entre a ética do altruísmo e a ética objetivista. É o famoso caso de "salvar pessoas do afogamento". Se a pessoa que está se afogando é um estranho, é apropriado avaliar o quanto segue: se a sua própria vida será colocada em grave risco para salvar o estranho, é imoral tentar fazê-lo. Apenas alguém com sérios problemas de autoestima se colocaria em grave risco para salvar a vida de um estranho pelo qual não experimenta nada em particular. Em via diversa, se a pessoa que se afoga é amada por quem pode eventualmente salvá-la, neste caso, o risco que quem ama estará disposto a correr para salvá-la é substancialmente maior – e isso por motivo egoísta: a vida de quem ama pode se tornar insuportável sem a pessoa amada.

---

[37] RAND, Ayn. *Op. cit.*, p. 61.

Do mesmo modo, um pai que se joga na frente de um carro para salvar o filho, não o faz por motivo altruísta, ou num ato heroico de sacrifício. Ele o faz por integridade moral, por motivação egoísta, por autointeresse, por valores racionalmente calculados – lembro que valores são aquilo pelo que alguém age para obter e/ou manter, segundo o mais alto critério moral de existência, sua própria vida. A virtude envolvida em ajudar seus entes queridos não é, insiste Rand, "abnegação" ou "sacrifício", mas integridade. Integridade é lealdade aos seus valores e convicções; é o agir de acordo com seus valores, de expressá-los, defendê-los e traduzi-los para a realidade fática. Se um homem declara amar uma mulher e, ainda assim, suas ações são indiferentes, desfavoráveis ou prejudiciais a ela, é a sua falta de integridade que o torna imoral:

> Se vocês querem salvar os últimos vestígios de sua dignidade, não chamem suas melhores ações de "sacrifícios" – essa palavra os rotula de imorais. Se uma mãe compra comida para seu filho que tem fome em vez de um chapéu para si própria, isso *não é* sacrifício: ela dá mais valor ao filho do que ao chapéu. Porém isso é um sacrifício para o tipo de mãe que dá mais valor ao chapéu, que preferia ver o próprio filho morrer de fome, e só lhe dá comida por obrigação. Se um homem morre lutando pela própria liberdade, isso *não é* sacrifício – ele não está disposto a viver como escravo. Porém, isso é um sacrifício para o tipo de homem que está disposto a viver como escravo[38].

Entretanto, há situações "emergenciais". Nesses casos, nada mais íntegro do que nos voluntariarmos para ajudar estranhos, no caso em que estejamos em reais condições de fazê-lo, e desde que isso não contrarie princípios morais elementares. Um homem colhido por situação de naufrágio deve ajudar a salvar vidas, desde que isso não configure dispor da sua própria. Afirma Rand sobre esse ponto: suponhamos que alguém ouça dizer que o vizinho (da porta ao lado) está doente e sem dinheiro. Doença e pobreza não são emergências metafísicas, mas parte dos riscos normais de existência; no entanto, como o homem está temporariamente desamparado, pode-se levar-lhe comida e medicamentos, caso existam condições financeiras para fazê-lo (como um ato de boa vontade, não de obrigação), ou pode-se unir a vizinhos para ajudá-lo.

Estamos a tratar de efetiva generosidade, boa vontade, jamais de obrigação moral. A bem da verdade, a única obrigação que alguém tem com os outros é manter um sistema social que deixe os homens livres para conquistar e manter seus valores, segundo dimensão racional de existência. Por óbvio, não se trata de ser indiferente aos outros. Mas de não subordinar seus valores e interesses ao de terceiros, como se isso fosse um padrão moral, constante e inafastável, e não atos de exceção incidentais: como disse, atos de generosidade, não de dever moral.

Eis, portanto, que à sombra do altruísmo, o indivíduo desaparece e celebra-se apenas o que se

---

[38] RAND, Ayn. *A revolta de Atlas*. São Paulo: Arqueiro, 2010, p. 1072.

espera dele, segundo o parecer de uma "sociedade", de um "grupo" ou "tribo". E, em nome deles, qualquer suposto "direito" sobre o outro se justifica quantitativamente: ora, há mais gente na "sociedade" e um único indivíduo deverá ser nela dissolvido se quiser ser aceito. Mas a pergunta que se impõe neste momento é: agir em razão do coletivo é critério de virtude?

CAPÍTULO 5

O COLETIVISMO

Com não rara frequência, os objetivistas se deparam com questão "típica", nada surpreendente, segundo formulações as mais diversas: como ficariam os pobres e desvalidos no interior da ética desenhada por Ayn Rand? Como seria a situação das pessoas mais fragilizadas de um ponto de vista social? Se nós não *temos* que cuidar uns dos outros – se não se trata de uma inarredável *obrigação moral* – quem vai cuidar dessas pessoas?

A esta altura do livro, esperamos que já se tenha compreendido que a própria formulação da pergunta infere um juízo de valor desajustado, qual seja, o de imaginar que o Egoísmo Virtuoso seja um egoísmo de tipo vulgar, de quem não se importa com ninguém, independentemente das condições dadas. Entretanto, é preciso insistir nesse ponto e calibrar um pouco mais essa abordagem a respeito dos malefícios e das arestas criadas, de um ponto de vista social, pela ética coletivista.

Ayn Rand diz a respeito em *A ética coletivizada*:

> Os objetivistas costumam ouvir perguntas como: "o que será feito pelos pobres ou deficientes em uma sociedade livre?". A premissa altruísta-coletivista, implícita na pergunta, é que os homens são "protetores de seus irmãos" e que o infortúnio de alguns é uma hipoteca que recai sobre os outros. Quem pergunta ignora ou nega as premissas básicas da ética objetivista, tentando transferir a discussão para sua própria base coletivista. Observe que ele não pergunta: "algo deve ser feito?", mas, "o que será feito?" – como se a premissa coletivista tivesse sido tacitamente aceita, restando apenas uma discussão sobre os meios para implementá-la.[39]

Um erro ao qual não devemos nos submeter.

Uma vez, quando Barbara Branden – a famosa esposa de Nathaniel Branden – foi questionada por um estudante sobre o que aconteceria com os pobres em uma sociedade objetivista, ela respondeu que quem quisesse ajudá-los não seria impedido. Essa é a raiz de um pensamento egoísta racional.

---

[39] RAND, Ayn. A ética coletivista. *In*: *A virtude do egoísmo*. São Paulo: LVM Editora, 2020, p. 117.

Ninguém, nem nada, nos impede de ajudarmos os outros, de fazermos uso criterioso, bem meditado, da nossa liberdade, daquilo que conquistamos com o nosso empenho, que produzimos por meio do nosso trabalho. A grande questão que subjaz o discurso altruísta, o discurso coletivista, é a imposição de pautas salvadoras de "terceiros" a partir de uma intromissão agressiva na vida individual, naquilo que você produz e naquilo que você constrói. Não se trata de ajudar mais ou de ajudar menos. Trata-se, sim, de verificar de que maneira será conduzido esse processo para a construção de sociedade não hipócrita, que obriga alguém – por força de formas diversas de coerção – a agir em função daquilo que outros consideram ser melhor, mais justo ou moral; trata-se de estabelecer o modo pelo qual uma pessoa – um indivíduo que calcula racionalmente as suas ações – pode colaborar com a existência do outro.

Apenas os seres humanos, enquanto indivíduos, têm o direito de decidir quando, ou se desejam, ajudar alguém; a "sociedade", como um sistema político organizado, não tem nenhum direito no assunto. Quem decide como (e se) vou ajudar os outros, quem decide de que maneira e o quanto vou ajudar os outros que precisam de algum tipo de consolo, sou eu, o sujeito da ação, segundo minha deliberação racional. O Estado, o público, o governo ou qualquer grupo coletivamente composto não têm qualquer autoridade natural ou fundante para legislar sobre esse tipo de tema. Entretanto, ao fazerem isso – muitas vezes com a conivência de indivíduos tomados por culpa e untados por doses cavalares de hipocrisia –, chamam para si uma responsabilidade que não lhes é própria. A "sociedade" não deve fazer nada pelos pobres, ou pela educação, ou pela cultura ou pelo que quer que seja; e isso por um motivo muito simples: não existe "sociedade", mas apenas homens e mulheres individualmente concebidos, com suas consciências, seus interesses, suas limitações e possibilidades. Quando nos perguntamos sobre o que a "sociedade" deve fazer pelos deficientes, pelos pretos, pelos *gays*, pelos pobres, ou seja, por qual for a minoria social, aceitamos uma premissa falsa: a de que, como "membros de uma sociedade", ela deve dispor de nós, da maneira que melhor lhe aprouver, segundo ditames falsamente morais, genéricos, que tocam corações ingênuos, mergulhados numa existência infantilizada, mas nem um pouco a razão. Como "sociedade" não existe – ou existe apenas como categoria imprecisa, descolada de um real pragmático –, indivíduos desejosos de controle vão, de muito bom grado, assumir o papel do que o filósofo Kant chamaria de *pastores do gado apascentado*, a nos dizer o que devemos ou não fazer de nós mesmos. Tanto pior, porque aqui entra um fator psicológico causador de um círculo vicioso destruidor de sociedades saudáveis:

> O homem que está disposto a servir como meio para os fins dos outros, necessariamente considerará os outros como meios para seus fins. Quanto mais neurótico ou consciencioso ele for na prática do altruísmo (e esses dois aspectos de sua psicologia atuarão reciprocamente para reforçar um ao outro), mais ele tenderá a inventar planos "para o bem da humanidade", ou da "sociedade",

ou do "público", ou das "gerações futuras" – ou de qualquer coisa, exceto seres humanos reais.

[...]

A característica fundamental dessas mentalidades [coletivistas] é a defesa de algum objetivo público em grande escala, abandonando o contexto, os custos ou meios. Fora de contexto, esse objetivo geralmente parece desejável; deve ser público, pois os custos não serão cobertos com recursos legítimos, mas com recursos expropriados[40].

Nós, indivíduos, devemos conduzir esse processo a partir do nosso exercício de abstração, do nosso exercício racional de focalizar a mente, de estabelecer aquilo que é, de fato, importante para cada um. Ao contrário disso, destaca Rand, como a natureza não garante segurança automática, sucesso e sobrevivência a qualquer ser humano, somente a presunção ditatorial e o canibalismo moral da ética altruísta-coletivista permite a um homem supor (ou fantasiar) que ele pode, por alguma razão, garantir essa segurança a alguns homens às custas dos outros. Eis que voltamos àquela diferença entre uma ação legítima, racional, de colaboração com a existência do outro – em uma espécie de generosidade genuína ou fraternidade não forçada, não usurpada ou imposta – e, por outro lado, uma imposição de natureza pública,

---

[40] RAND, Ayn. *Op. cit.*, pp. 118-119.

que, muitas vezes, é patrocinada por uma casta de autoungidos.

Apenas um indivíduo pode dispor livremente do seu ato voluntário de colaborar com o outro; esta não é uma causa pública. O discurso messiânico de que nós, na condição de sociedade, devemos cuidar do outro, pressupõe que a vida do outro seja um bem público, o que não é verdade: a vida do outro é um bem *dele*. Em seu tempo, escreve Rand a esse respeito:

> É apenas para a irrealidade congelada dentro de um cérebro coletivizado que as vidas humanas são intercambiáveis – e apenas um cérebro assim pode contemplar como "moral" ou "desejável" o sacrifício de gerações de homens vivos por supostos benefícios que a ciência pública, ou indústria pública, ou acordos públicos, trarão aos que ainda estão por nascer.
>
> A Rússia soviética é o exemplo mais claro, mas não é o único, das realizações das mentalidades coletivizadas. Duas gerações de russos viveram, trabalharam e morreram na miséria, esperando pela abundância prometida pelos seus governantes, que pediram paciência e austeridade comandada, enquanto construíam uma "industrialização" pública e matavam a esperança pública em prestações de cinco anos. No início, as pessoas morriam de fome, enquanto esperavam geradores elétricos e tratores; ainda hoje, estão morrendo de fome, enquanto esperam por energia atômica, e viagens interplanetárias[41].

Um defensor das liberdades deve ser exemplo concreto do que prega. Lembro-me, aqui, de passagem (por mera curiosidade ilustrativa), de recente caso acontecido no Legislativo brasileiro. Um querido amigo do Instituto Mises Brasil[42] estava em uma discussão política com deputado de ala mais à esquerda do Congresso Nacional. O político, naturalmente imerso em mentalidade coletivista, defendia que deveríamos todos pagar um mínimo que estivesse bem acima do estabelecido por qualquer limite de bom senso em uma corrida de aplicativo de transporte, porque os motoristas de aplicativo estavam, segundo ele, sofrendo com a crise causada pelo corona vírus e, então, rodando menos. Logo – o cálculo para essa gente parece automático! –, nós, como "sociedade", tínhamos que socorrê-los, porque seria um absurdo imaginar que o motorista que faz uma corrida X, ganhasse tão-só dez ou quinze reais por isso. Ao que um preparado defensor do indivíduo e da liberdade respondeu, parafraseando Barbara Branden: "mas nada impede de fazê-lo hoje, deputado, sem qualquer lei que o obrigue". Ninguém deve dispor de direito de dizer ao outro o que deve ou não fazer de si ou do que é seu. Na formulação clássica de Ayn Rand, todos têm o direito de tomar as suas próprias decisões, mas ninguém tem o direito de forçar sua decisão sobre os outros:

---

[41] RAND, Ayn. *Op. cit.*, p. 121.
[42] Refiro-me aqui a Rodrigo Marinho, que então era Diretor Legislativo do partido NOVO em Brasília.

Do ponto de vista médico, é possível retirar a córnea dos olhos de um homem imediatamente após a sua morte e transplantá-las para os olhos de um homem vivo que é cego, restaurando, assim, sua visão (em certos tipos de cegueira). Agora, segundo a ética coletivista, isso gera um problema social. Deveríamos esperar até a morte de um homem para retirar seus olhos, quando outros precisam deles? Deveríamos considerar os olhos de todos como propriedade pública e planejar um "método justo de distribuição"? Você defenderia a retirada dos olhos de um homem vivo para dá-los a um homem cego, de modo a "igualá-los"? Não? Então, esqueça questões sobre "projetos públicos" em uma sociedade livre. Você sabe a resposta. O princípio é o mesmo[43].

É fácil observar, como exemplo, que, em épocas de crise, se multiplicam iniciativas pessoais, individuais, oriundas do âmbito privado, em prol do socorro às pessoas que realmente precisam de ajuda. Sem "projetos públicos" ou "ações de justiça social".

Note-se que coletivismo nada tem a ver com livre associação de pessoas com um mesmo propósito, que não se impõe ao outro por qualquer forma de coação. Realizar algo em cooperação com outras pessoas não faz de você um coletivista. Há grupos de pessoas que são inofensivos ou mesmo muito positivos nas ideias que defendem ou nas

---

[43] RAND, Ayn. *Op. cit.*, p. 122.

ações que empreendem. Com frequência, alguns leitores de Rand confundem este ponto, projetando, indevidamente, uma espécie de condenação completa de qualquer forma de associação humana. Isso nada tem a ver com coletivismo!

> Qualquer grupo ou "coletivo", grande ou pequeno, é, apenas, um conjunto de indivíduos. Um grupo não pode ter direitos diferentes dos direitos de seus membros individualmente. Em uma sociedade livre, os "direitos" de qualquer grupo são derivados dos direitos de seus membros através da sua escolha individual e acordo contratual voluntários, e são, somente, a aplicação desses direitos individuais a empreendimento específico. Todo propósito legítimo de um grupo é baseado nos direitos de livre associação e livre comércio de seus participantes (por "legítimo", quero dizer: um grupo não criminoso e formado livremente, ou seja, em que ninguém é forçado a entrar)[44].

A melhor resposta a "sonhadores de espírito público" – os quais lhes contarão rancorosamente que "alguns objetivos muito desejáveis não podem ser atingidos sem a participação de todos" –, é: se for assim tão maravilhoso, segundo padrões de razoabilidade, não deverá ser difícil obter a *participação voluntária* de todos. De fato, lembrem-se:

---

[44] RAND, Ayn. Direitos coletivizados. In: *A virtude do egoísmo*. São Paulo: LVM Editora, 2020, p. 148.

as vidas dos homens não estão à sua disposição ou ao que consideram ser, para eles, o melhor.

Podemos nos unir para construir um hospital para salvar pessoas idosas com câncer? Sim, claro! Podemos nos unir para oferecer bolsas de pesquisa para universidades? Certamente, sim! Podemos nos unir para colaborar de diversas formas, de acordo com aquilo que está no nosso horizonte moral, e que consideramos justo fazer. Entretanto, quando se é obrigado, quando se é forçado a fazê-lo, de acordo com uma ética de grupo difuso, uma série de questões surgem. Entre elas, por exemplo: segundo o critério de quem somos obrigados a "colaborar" com tal causa? Que grau de concordância do indivíduo beneficiado existe nessa estrutura com a qual o outro está "obrigado" a colaborar (obrigatoriedade não supõe concordância)? Não há pacto estabelecido livremente. O que há é violência, constrangimento para que haja "colaboração" ou "contribuição" (termos carregados de ínsita ironia). Colaboração é fruto de ação livre, é a possibilidade de não aceitarmos que algo seja conduzido de determinada forma, de desfazer pacto ou de não nos associarmos. O que acontece, na realidade, é uma imposição. Assim, não sou um "contribuinte" do Estado. Eu não "contribuo" com o tesouro público, minhas posses e conquistas são *tomadas* por eles, sem anuência ou qualquer grau de concordância entre as partes! O que difere uma relação amorosa, carinhosa e voluntária entre duas pessoas e um relacionamento abusivo, forçado? Assentimento, livre aquiescência. Quando tomo o outro à força, isso é agressão, é violência, é ataque: o terreno fértil no qual nasce o ímpeto coletivista. A ética coletivista é uma ética da injustiça – ainda que "soe bem", ainda que pareça fazer algum sentido às almas mais incautas:

> "O maior bem para o maior número" é um dos *slogans* mais danosos que foi imposto à humanidade.
>
> Esse *slogan* não tem nenhum significado concreto e específico. Não há forma de interpretá-lo com benevolência, mas muitas formas em que é possível utilizá-lo para justificar os atos mais perversos.
>
> Qual é a definição de "bem" nesse *slogan*? Nenhuma, exceto: o que seja bom para o maior número. Quem, em cada caso específico, decide o que é bom para o maior número? É claro, o maior número (a maioria).
>
> Se você considera isso moral, terá de concordar com os seguintes exemplos, que são aplicações exatas desse *slogan* na prática: que 51% da humanidade escravize os outros 49%; que nove canibais famintos comam o décimo; que um grupo de pessoas assassine um homem por considerá-lo uma ameaça à comunidade.
>
> Havia 70 milhões de alemães na Alemanha, mas apenas 600 mil judeus. O maior número (alemães) apoiava o governo nazista, o qual lhes dizia que o seu bem maior seria servido pelo extermínio e tomada das propriedades da minoria (judeus). Esse foi o horror obtido na prática por um *slogan* maligno aceito em teoria.

Mas você poderia afirmar que, em nenhum desses exemplos, a maioria obteve benefício claro para si própria. Não, não obteve. E por que não? Porque o "bem" não é determinado por uma contagem matemática, e não é conquistado pelo sacrifício de uns pelos outros.

Os insensatos acreditam que esse *slogan* implica algo vagamente nobre e virtuoso, sinalizando aos homens que se sacrifiquem pelo bem do maior número. Se assim fosse, deveria o maior número de homens estar dispostos a ser virtuoso e se sacrificar pela minoria, a qual seria tão maligna a ponto de aceitar o sacrifício? Não? Bem, então, deveria a minoria ser virtuosa e se sacrificar pelo maior número (maioria)?

Aqueles que não pensam supõem que cada homem que prega esse slogan se identifica generosamente como minoria para ser sacrificado à maioria. E por que deveria fazê-lo? Não há nada no *slogan* que lhe ordene a proceder assim. É muito mais provável que ele se identifique como maioria e comece a sacrificar os outros. Na verdade, o que o *slogan* lhe diz é que ele não tem opção exceto roubar ou ser roubado, aniquilar ou ser aniquilado.

A maldade desse *slogan* reside em sua implicação: que o "bem" de uma maioria dever ser obtido à custa do sofrimento de uma minoria; que o benefício de um homem depende do sacrifício de outro.[45]

Se aceitarmos, por consequência, a doutrina coletivista de que o homem existe apenas para os demais, então, é verdade que todo prazer de que desfruta é, por muito pouco, maligno e imoral: basta que outros dois homens desejem o mesmo. Porém, sob tal base, os homens não podem comer, respirar ou mesmo amar. Tudo isso é egoísta. E o que ocorre se outros dois homens querem a sua esposa? Os homens não podem conviver em absoluto, restando-lhes o extermínio mútuo.

Só com referência aos direitos individuais é possível definir e conquistar o bem, seja público ou privado. Só quando cada homem é livre para existir por si – sem sacrificar os outros para si, nem sendo sacrificado para os outros – é que todo homem é livre para trabalhar para o bem maior, que pode lograr para si, por sua própria decisão e esforço. E a soma total de tais esforços individuais é o único tipo possível de bem social e geral.

Não devemos cair no fácil jogo de palavras segundo o qual "o maior bem para o maior número" seja "o maior bem para o menor número". O merecido faz parte da esfera do egoísmo, do comércio bem conduzido, do lucro e dos ganhos mútuos; é apenas o imerecido que exige transação moral que se erige em lucro para um e falência para o outro. A moralidade coletivista, dessa forma, valoriza ausência, premia

---

[45] RAND, Ayn. "O maior bem para o maior número" é um princípio moral? *Site* Objetivismo, 08 de fevereiro de 2019. Disponível em: https://objetivismo.com.br/artigo/o-maior-bem-para-o-maior-numero-e-um-principio-moral/. Acesso em: 03 de dez. 2020.

defeito, indolência, improdutividade. A ética coletivista é a ética do sanguessuga, a ética do parasitismo institucionalizado.

Os coletivistas proclamam que todo homem que nasce tem o direito de existir sem trabalhar, tem o direito de receber de terceiros sua subsistência mínima – comida, roupa, casa – sem fazer qualquer esforço, porque isso deriva de uma espécie de direito natural, de nascença: veio ao mundo, tem o direito de...

Ora, quem tornará isso possível? Com bens produzidos por quem? O que se deseja é desafiar a realidade, desafiar uma lei que se impõe com força irresistível a todos. O que se deseja é que A seja também, e ao mesmo tempo, não-A. O que se deseja é impor a mentalidade do selvagem, cujo desenvolvimento intelectual estacionou no nível de um bebê de colo, no patamar, diria Rand, no qual a consciência adquire percepções sensoriais iniciais e ainda não aprendeu a distinguir objetos concretos. O selvagem imagina uma natureza controlada por seus caprichos. Tudo o que ele faz, e isso sustenta o discurso coletivista, é *desejar*, querer que as coisas não sejam como são, querer que alguém (que não ele mesmo) providencie, o quanto antes, aquilo que considera, em seus delírios místicos, irracionais, ser necessário.

Todo ditador é um místico e todo místico, um potencial ditador. Seu desejo é por obediência, não por concordância. Coletivistas querem lidar com homens por meio da fé e da força, ignorando razão e fatos. Falsificar a realidade sob instruções, eis o desejo maior dessa gente. Um passo básico na aprendizagem do amor-próprio é encarar, como sinal de *canibalismo*, toda *exigência* de ajuda.

CAPÍTULO 6

O RACISMO E O CAPITALISMO

O racismo é, para Rand, a forma mais deletéria de coletivismo. Trata-se da

> [...] forma mais vil e cruelmente primitiva de coletivismo. É a noção que atribui importância moral, social ou política à linhagem genética de um homem – a noção de que os traços intelectuais e de caráter de um homem são produzidos e transmitidos por sua química corporal interna. O que significa, na prática, que um homem deve ser julgado, não por seu caráter e ações, mas pelo caráter e ações de seus ancestrais[46].

---

[46] RAND, Ayn. Racismo. In: *A virtude do egoísmo*. São Paulo: LVM Editora, 2020, p. 183.

Para o racista, não há homem "tábula rasa": ele entrevê, no outro, objeto do seu preconceito, por exemplo, certo conteúdo mental apriorístico, herdado, determinado por força de fatores físicos/biológicos, que se projetam para além de qualquer controle. Tratar-se-ia mesmo de uma condenação inapelável, um estigma de nascimento diante do qual nenhum indivíduo pode fazer coisa alguma: assim enxerga um racista. Ele se vale de marcadores irrelevantes ou exteriores de mérito, jogando por terra qualquer critério razoável e plausível de julgamento do outro. De fato, tais marcadores irrelevantes não oferecem as balizas necessárias para se compreender algo realmente importante sobre alguém. O racista julga pelo que vê e o que vê é basicamente acessório, não-definidor. "Esse indivíduo age com justiça?" "Seria esse um funcionário honesto?" "Esse professor oferece aulas de qualidade?". Nenhuma resposta legítima a tais indagações poderia ser dada com base em critérios não essenciais de existência do sujeito. Qualquer forma de "grupismo" ancorado naqueles pressupostos de características exteriores é racismo (como quando algumas feministas radicais dizem que "todo homem é um estuprador potencial" – vale dizer, se é homem, algo geneticamente determinado, então é "potencial estuprador", essa é a "mácula" a ser carregada, assim um homem "deve ser visto" independentemente de como pensa ou da forma como age).

> Como toda forma de determinismo, o racismo invalida o atributo específico que distingue o homem de todas as outras

espécies vivas: sua faculdade racional. Ele nega dois aspectos da vida do homem: razão e escolha, ou mente e moralidade, substituindo-os pela predestinação química[47].

O pertencimento a este ou àquele grupo ou raça não é nem motivo de orgulho nem do seu contrário; bem como nascer filho de uma certa linhagem familiar não é motivo para celebração ou vergonha. Muitas vezes, o sujeito será apenas um idiota com referências históricas, marcadores externos que nada dizem dele como indivíduo racional/pensante. O filho de um homem sábio não se faz sábio pelo simples fato de ser filho daquele pai, assim como o fato de ser negro ou branco não evoca nada que realmente importe em relação a dados objetivos de verificação de quem é este ou aquele indivíduo. Não há um agregado de substâncias químicas, fisiológicas, que garantam impostação virtuosa ou nociva de qualquer qualidade ou defeito em qualquer membro, seja de que grupo ou família for.

Mesmo se fosse provado – o que não é – que a incidência de homens com poder mental superior é maior entre os membros de certas raças do que de outras, isso não nos informaria nada sobre qualquer indivíduo particular e seria irrelevante para nosso julgamento dele. Um gênio é um gênio, não importando o número de idiotas que pertençam à sua mesma raça, e um idiota é um idiota, não importando o número

---

[47] RAND, Ayn. *Op. cit.*, p. 183.

de gênios que compartilhem a sua origem racial. É difícil dizer qual é a injustiça mais ultrajante: a alegação dos racistas sulistas, de que um gênio negro deveria ser tratado como um inferior porque sua raça "produziu" alguns brutamontes, ou a reivindicação de um brutamontes alemão ao *status* de um superior porque sua raça "produziu" Johann Wolfgang von Goethe, Friedrich Schiller e Johannes Brahms[48].

O racismo, avança Rand – note-se outra vez nota distintiva de coletivismo – é a busca do imerecido, de um reconhecimento automático, desprovido de qualquer mérito, trabalho, produção, empenho: a busca por uma autoestima imediata, por simples sensação de pertencimento. Por evidente, então, qualquer tentativa de combate ao racismo que se valha do *reforço* daquela sensação estará fadada ao fracasso (como esteve até aqui, diga-se de passagem). Nas lúcidas palavras de Edwin Locke:

> Hoje é tomado como um axioma virtual que a forma mais eficaz para curar o racismo é a adoção de diversidade étnico-racial dentro de corporações, universidades, agências governamentais e outras instituições. O movimento da diversidade tem diversas vertentes: (i) no mercado de trabalho (treinamento e contratação), (ii) no *marketing* (propagandas) e, até mesmo, (iii) nas universidades (alojamentos e organizações

---

[48] RAND, Ayn. *Op. cit.*, p. 183.

específicas). A característica comum de todas essas facetas é a *preferência racial*.

Se diversidade é a cura para o racismo, por que, em vez de promover harmonia racial, ela trouxe divisão e conflito raciais? A resposta não é difícil de descobrir. O fato incontestável é que você não pode curar racismo com racismo. Aceitar a premissa da diversidade significa pensar em termos de raça, e não de caráter ou mérito individuais. Tirar empregos de um grupo A de modo a compensar um grupo B por injustiças causadas por um grupo C que foi maltratado por um grupo D em algum ponto da história (digamos, na época da escravidão) é um total absurdo, e não promove a justiça; em vez disso, faz o contrário. Selecionar um grupo como foco de favores especiais (ação afirmativa) alimenta ressentimento injustificado e alimenta o preconceito dos verdadeiros racistas. Pessoas são indivíduos; não são partes intercambiáveis de um coletivo amorfo.

Considere um exemplo concreto, porém ficcional. Suponha que, desde sua criação em 1936, a corporação XYZ recuse-se a contratar homens ruivos devido a uma excentricidade de seu fundador. O fundador falece, e a diretoria iluminada decide que algo "positivo" deve ser feito para compensar as injustiças do passado. Ela anuncia que, daí em diante, ruivos terão preferência em qualquer processo seletivo. Observe que: "isso não ajudará as vítimas reais – os ruivos previamente excluídos; (2) os ruivos agora favorecidos não foram vítimas de discriminação, ainda assim, beneficiam-se injustamente dessa nova política; (3) os não ruivos hoje excluídos do processo seletivo devido à preferência aos ruivos não causaram a discriminação anterior e são, hoje, vítimas dela. A solução adequada seria, obviamente, por fim à discriminação com base em fatores irrelevantes. Embora o viés aos ruivos não seja um problema social, o princípio não muda quando você substitui a cor do cabelo pela cor da pele.

A solução tradicional e, essencialmente, correta para o problema do racismo têm sido ignorar a cor da pele. Mas esse princípio bem-intencional aborda a questão do ponto de vista negativo. O princípio correto é o da consciência da individualidade. Na esfera do trabalho, só existem três aspectos essenciais no processo de contratação: (1) a pessoa tem habilidade relevante e conhecimento (ou a capacidade de aprendizado rápido)? (2) a pessoa está disposta a exercer o esforço necessário? E (3) a pessoa tem bom caráter, isto é, honestidade, integridade?[49]

Argumenta-se que a visão acima é sobremaneira "idealista", pois acabamos por julgar as pessoas com base em atributos não essenciais como cor de pele, gênero, religião, nacionalidade etc. Isso acontece, é óbvio. A solução, entretanto, não

---

[49] LOCKE, Edwin. A única cura para o racismo. *Site* Objetivismo, 03 de setembro de 2017. Disponível em: https://objetivismo.com.br/artigo/a-unica-cura-para-o-racismo/. Acesso em: 10 de nov. 2020.

passa por abandonar o ideal, mas implementá-lo consistente e progressivamente. Logo, não devemos focar no culto à diversidade – busca por "cotas" para evidenciar a nós o quanto não somos racistas, misóginos ou preconceituosos em geral –, mas em como medir objetivamente habilidade, motivação e caráter dos seres humanos. A alternativa apropriada à diversidade, isto é, ao foco no coletivo, é focar no indivíduo e tratá-lo de acordo com seu mérito.

Estou a falar, eventualmente, de medidas nada populares, que, por certo, não seriam bem acolhidas pelos justiceiros sociais, pelos "canceladores"/coletivistas profissionais, em suma. Mas não é preciso ser popular para defender fatos. Não estamos em um concurso de *miss* ou *mister* simpatia, desesperados por aplausos e honrarias. Quando, na primeira parte deste livro, falávamos de pragmatismo na leitura de mundo, é em situação como essa que ele se aplica de forma mais contundente. Ver as coisas como são! Buscar soluções reais para os problemas que se nos apresentam. É isso o que está em pauta no Objetivismo. E é isso o que está em questão em boa parte da tradição filosófica do Ocidente, desde os seus primórdios.

Atribuir virtudes à origem racial de alguém é confessar completa ignorância sobre o processo pelo qual alguém vem a ser virtuoso e, então, sobre o modo pelo qual pode ter fracassado no intento. A esmagadora maioria dos racistas é composta por homens que não conquistaram nenhum sentido de identidade pessoal, que não podem mostrar nenhuma realização ou distinção individual, e que buscam a ilusão de uma "autoestima tribal" ao alegar a inferioridade de alguma outra tribo. Ora, o racista é, antes de tudo, homem frustrado com o que vê no espelho. E o homem frustrado, para se impor de algum modo, deve "coisificar" ou "animalizar" o outro, que a ele se mostra "inequivocamente inferior". O racista é quase sempre um homem com sérias dificuldades para se suportar com as prerrogativas que lhe são próprias, vale dizer, com aquilo que fez de si.

Por evidente, quanto mais inserida num contexto coletivista, mais racista tende a ser uma comunidade de homens. Num ambiente como esse, o indivíduo tomado nele mesmo será facilmente substituído por algum "coletivo" no interior do qual será dissolvido: os pretos, os brancos, os pardos, os indígenas, os *gays*, os quilombolas, os deficientes. "Como você, um preto, não defende cotas raciais?" (que brasileiro não há de se lembrar de certo político brasileiro a se referir a colega negro como "capitão do mato" por não defender certas teses do movimento?), "como você, um *gay*, afirma que não deve haver olhar especial para homossexuais no combate à violência?". Ou o indivíduo se insere ou é um pária, alguém que não merece ser ungido pela condição de nascimento, acolhido pela "causa" e, por via diversa, assim devem ser julgados os outros, sejam adversários ou aliados em alguma causa grupal. Filha também dos horrores do regime soviético, eis relato contundente da nossa filósofa:

> O racismo da Alemanha nazista – onde os homens tinham que preencher questionários

sobre seus ancestrais, a fim de provar sua ascendência ariana – tem seu equivalente na Rússia soviética, onde os homens tinham que preencher questionários similares para mostrar que seus ancestrais, jamais, possuíram propriedades e, assim, provar sua origem proletária. A ideologia soviética depende da noção de que os homens podem ser condicionados, geneticamente, ao comunismo, isto é, que algumas gerações condicionadas pela ditadura transmitirão a ideologia comunista para seus descendentes, que já nascerão comunistas. A perseguição de minorias raciais na URSS, segundo a ascendência racial e o capricho de algum comissário, já foi registrada; o antissemitismo é particularmente prevalente, mas as perseguições oficiais hoje são chamadas de "expurgos políticos".

Há apenas um antídoto para o racismo: a filosofia do individualismo e seu corolário político-econômico, o capitalismo *laissez-faire*[50].

Movimentos bem intencionados, do tipo *Black Lives Matter* – particularmente em voga nos EUA, com alguma repercussão no Brasil – apenas evidenciam o que qualquer pessoa dotada de razoável bom-senso já sabe: boas intenções não resolvem problemas. Aliás, a essa altura, após mais de 2.500 anos de racionalidade filosófica, devemos mesmo nos perguntar em que medida tais movimentos desejam de fato resolver as

---

[50] RAND, Ayn. *Op. cit.*, pp. 185-186.

questões a que se dedicam – ou se, por fim, apenas vivem delas, se retroalimentam delas e, então, dependem delas em larga medida. Sobre este ponto, vale a pena ouvir a sensatez de Paulo Cruz:

> [...] mais de 90% dos assassinatos de negros são cometidos por outros negros. Em números totais, os negros representam 13% da população americana, mas cometem 50% dos crimes. Em 2015, Tyshawn Lee, uma criança de 9 anos, foi assassinada por membros de uma gangue, em Chicago, em retaliação contra o seu pai. Curiosamente, o *Black Lives Matter* nada disse.
>
> Na verdade, os negros são incentivados, pela mesma esquerda que lhes jura amor incondicional, a uma cultura de marginalidade. "Nesta cultura", diz o economista Thomas Sowell, "a beligerância é considerada virilidade, e a crueldade, legal (*cool*); enquanto ser civilizado é considerado 'agir como branco'".
>
> Atualmente, 75% das crianças negras dos EUA vivem sem o pai. Estas têm 5 vezes mais chances de viver na pobreza e cometer crimes; 9 vezes mais chances de abandonar a escola; e 20 vezes mais chances de serem presas. Em 1960, esse número era de 25%. Para o advogado e radialista Larry Elder, esse é o principal problema da população negra americana. E não culpemos a pobreza, pois, como afirma Sowell, "a pobreza negra era muito maior e o racismo branco era muito

pior antes de 1960. Mas o crime violento nos guetos negros era muito menor".

O fato é que a esquerda se apossou de causas legítimas – direitos civis, sufrágio feminino etc. – misturou às suas teses revolucionárias (dentre elas, a destruição da família tradicional) e formou uma sociedade de revoltados cujas demandas não precisam ser solucionadas, pois a revolta constante é o que importa. Defendendo tais causas, tem o seu eleitorado garantido.

Assim, faz de pobres, negros, mulheres, homossexuais – e todos aqueles que denominam oprimidos –, seus escravos ideológicos. Por isso, para o bem da sociedade, movimentos como *Black Lives Matter* devem ser desmascarados[51].

É um resumo estatisticamente ilustrado do quadro projetado por Ayn Rand.

Para além disso, Rand joga luz especial sobre o modelo capitalista como saída eficaz para o racismo. Foi o capitalismo, diz ela, que ventilou a possibilidade de caminharmos de modo mais enfático para uma vida livre e racional. Diversamente disso, o crescimento das pautas coletivistas tende a reverter o quadro:

---

[51] CRUZ, Paulo. O *Black Lives Matter* e o racismo ideológico. *Gazeta do Povo*, 01 de agosto de 2016. Disponível em: https://www.gazetadopovo.com.br/opiniao/artigos/o-black-lives-matter-e-o-racismo-ideologico-3csvvpn12pv9ffejjqgqaw00f/. Acesso em: 05 de nov. 2020.

No auge do seu capitalismo, os Estados Unidos eram o país mais livre da Terra – e a melhor refutação das teorias racistas. Homens de todas as raças chegaram aqui, alguns de países obscuros e culturalmente indistinguíveis, e realizaram feitos de habilidade produtiva que teriam permanecido natimortos em suas pátrias fortemente controladas. Homens de grupos raciais que tinham massacrado uns aos outros por séculos, aprenderam a conviver em harmonia e cooperação pacífica. Os Estados Unidos eram chamados de "caldeirão de culturas", por um bom motivo. Mas poucas pessoas perceberam que os Estados Unidos não fundiram os homens na conformidade cinza de um coletivo, mas os uniram, protegendo seu direito à individualidade.

[...]

Hoje o preconceito está piorando – como, também, todas as outras formas de racismo. Os Estados Unidos se tornaram conscientes da raça de uma forma que remete aos piores dias dos países mais atrasados da Europa do século XIX. A causa é a mesma: o crescimento do coletivismo e do estatismo[52].

Rand parece ter escrito esse texto semana passada, ontem, hoje... mas o escreveu em setembro de 1963. Simplesmente não conseguimos virar a página das distinções raciais, e as pautas coletivistas/estatistas estão inseridas em nossa sociedade e

---

[52] RAND, Ayn. *Op. cit.*, p. 187.

na mentalidade dos homens comuns. Evidente, o coletivismo evoca fácil adesão, sentimento de proteção do grupo, de reverberação de um dado discurso, de autoproteção. Homens de inteligência limitada – ou tomados por indisfarçável hipocrisia – são facilmente cooptados. Homens com mente focada, no exercício pleno de sua racionalidade, não. Daí ser o sistema capitalista, sistema social baseado no reconhecimento dos direitos individuais, incluindo os direitos de propriedade, em que toda a propriedade é privada, ser antídoto eficiente contra formas de coletivismo, em especial, contra o racismo. Ora, o reconhecimento dos direitos individuais leva ao banimento da força física ou da coação nas relações humanas. A mim preocupam interesses e soluções de problemas e nada mais modula o meu julgamento do outro, para além do que julgo ser importante, vale dizer, essencialmente importante. Em uma sociedade capitalista, livre, respeitosa dos direitos individuais, nenhum homem ou grupo pode iniciar o uso da força física contra outrem. Em tal sociedade, a única função do governo é proteger os direitos do homem, a saber, protegê-lo da força física; o governo atua como agente do direito do homem à autodefesa, e pode usar a força apenas em retaliação e contra quem iniciar seu uso; o governo é o meio de se ter, sob controle objetivo, o uso retaliativo da força física:

> Um governo correto é apenas um policial, atuando como agente da legítima defesa do homem, e, como tal, pode recorrer à força *apenas* contra aqueles que tomam a *iniciativa* de usar a força. As únicas funções corretas

de um governo são: a polícia, para proteger o cidadão dos criminosos; o Exército, para proteger o cidadão de invasores estrangeiros; e os tribunais, para proteger a propriedade e os contratos das violações e fraudes, para resolver disputas por meio de regras racionais, de acordo com leis *objetivas*. Porém, um governo que toma a *iniciativa* de empregar a força contra homens que não a usaram contra ninguém [...] é uma máquina infernal que visa aniquilar a moralidade; um tal governo deixa de ser protetor do homem para ser seu mais mortal inimigo.[53]

Eis que nenhum homem, branco, negro, pardo ou seja lá que característica exterior e irrelevante tenha num sistema ancorado na liberdade, tem qualquer direito à propriedade de outro. As relações deverão ser pacíficas, de colaboração e de justa pactuação entre os cidadãos. Note que, para Rand, a justificação moral do capitalismo não repousa na alegação altruísta de que ele representa a melhor forma para alcançar "o bem-comum". Isso é, tão somente uma consequência secundária: bem-vinda, evidente, mas secundária. A justificação moral do capitalismo repousa no fato de que ele é o único sistema coerente com a natureza racional do homem, o único a proteger a sua sobrevivência, e cujo princípio fundamental é a justiça.

O racismo – e, ademais, qualquer outra forma de coletivismo/intervencionismo – se vê abalado

---

[53] RAND, Ayn. *A revolta de Atlas*. São Paulo: Arqueiro, 2010, p. 1108.

numa sociedade capitalista, livre e racional. Nela, a ação necessária para sustentar a vida humana é primariamente intelectual: independe da cor da pele, orientação sexual ou qualquer outra baliza moralmente inválida. Tudo que o homem necessita precisa ser descoberto pela sua mente e produzido pelo seu esforço. A produção é a aplicação da razão ao problema da sobrevivência de cada indivíduo na sua singularidade. Como conhecimento, raciocínio e ação racional são propriedades do indivíduo (e apenas dele), e como a escolha de exercer ou não sua faculdade racional depende do indivíduo, a sobrevivência do homem requer que os que pensam sejam livres da interferência daqueles que não o fazem, que sejam livres da intromissão dos que se veem apenas como parte constituinte de grupos nos quais devem ser assimilados como massa de manobra. Como os homens não são nem oniscientes, nem infalíveis, eles devem ser livres para concordar ou discordar, para cooperar ou seguir seu próprio caminho de forma independente, de acordo com seu próprio julgamento racional.

> Em uma sociedade capitalista, todas as relações humanas são voluntárias. Os homens são livres para cooperar ou não, negociar ou não entre si, de acordo com seus julgamentos, convicções e interesses individuais. Eles podem se relacionar entre si somente em termos de, e por meio da razão, ou seja, através da discussão, da persuasão e do acordo contratual, por escolha voluntária com vistas ao benefício mútuo. O direito de concordar com os outros não é um

problema em nenhuma sociedade; é o direito de discordar que é crucial. É a instituição da propriedade privada que protege e implementa o direito de discordar – e, assim, mantém o caminho aberto ao atributo pessoal, social e objetivamente mais valioso do homem: a mente criativa.

Não são os ancestrais, os parentes, o sangue familiar ou os fatores biotípicos que importam no livre mercado, mas só um atributo humano: capacidade produtiva. É pela habilidade e ambição individuais que o capitalismo julga um homem e o recompensa (daí ser fundamental para formas coletivistas adotarem discursos de ressentimento, inveja e mediocrização do indivíduo que deseja se destacar):

> O capitalismo exige o melhor de todo homem – sua racionalidade – e o recompensa de acordo. Nele, cada homem escolhe livremente o trabalho que gosta, para especializar-se nele, para trocar seu produto pelo dos outros, chegando tão longe quanto sua habilidade e ambição lhe permitir. Seu sucesso depende do valor objetivo do seu trabalho, e da racionalidade dos que reconhecem tal valor. Quando os homens são livres para comercializar, tendo a razão como único guia, quando nenhum homem pode usar a força física para arrancar o consentimento do outro, é o melhor produto e o melhor julgamento que vencem em todo âmbito da atividade humana. De quebra, isso aumenta o padrão de vida – e de raciocínio

– daqueles que tomam parte na atividade produtiva da humanidade.

[...]

No livre mercado, o valor econômico do trabalho de um homem é determinado pelo consentimento voluntário de ambas as partes do processo laboral. Esse é o significado moral da lei de oferta e demanda.

[...]

O capitalismo *laissez-faire* é o único sistema social baseado no reconhecimento dos direitos individuais e, portanto, o único sistema que bane a força das relações sociais. Pela natureza de seus princípios e interesses básicos, é o único sistema fundamentalmente oposto à guerra.

[...]

O fluxo de desinformação, deturpação, distorção e falsidade descarada sobre o capitalismo é tal que os jovens de hoje não têm ideia (e, virtualmente, nenhuma forma para descobrir) a sua verdadeira natureza. Enquanto arqueólogos escavam ruínas milenares por restos de cerâmica e pedaços de ossos na ânsia de recuperar alguma informação relativa à nossa existência pré-histórica – os eventos do século passado estão soterrados por uma camada mais impenetrável que a dos restos geológicos: uma camada de silêncio.[54]

---

[54] RAND, Ayn. *Capitalism: the unknown ideal*. New York: Signet (Penguin Group), 1967. pp. 19-40. Tradução de Matheus Pacini.

Não importam os baixos salários e as terríveis condições de vida no início do capitalismo, afinal, estavam de acordo com o que as economias de época podiam oferecer. O capitalismo não criou a pobreza, ele a herdou. Comparado aos séculos de miséria pré-capitalista, a condição de vida dos pobres melhorou e lhes foi dada a primeira chance que já tiveram de sobreviver. Com os dois dólares que recebe por dia numa fábrica americana de tênis, um garoto chinês pode se alimentar e criar a força necessária para melhorar de vida. Quando um "justiceiro social" pede para que isso não mais ocorra, porque, aos seus olhos, trata-se de algo inaceitável, condena aquele mesmo garoto à fome e à impossibilidade absoluta de fazer algo positivo de si, de sobreviver, em suma.

  Coletivistas defendem o sacrifício de todos os direitos individuais, a dissolução dos indivíduos em nome dos interesses de um "grupo", seja ele dotado da configuração que for. Paradoxalmente, não se cansam de afirmar serem defensores de minorias. Irônico isso, para dizer o mínimo, pois, "a menor minoria da Terra é o indivíduo. Aqueles que negam os direitos individuais não podem se declarar defensores das minorias"[55].

---

[55] RAND, Ayn. Racismo. *In: A virtude do egoísmo*. São Paulo: LVM Editora, 2020, p. 187.

CAPÍTULO 7

A FELICIDADE

Em sua *Metafísica*, Aristóteles atribui a Sócrates o mérito de "ter primeiramente investigado as virtudes éticas e de ter tentado oferecer delas definições gerais" (XIII, 4, 1078b 17-9). Fosse interpretada literalmente, a notícia de Aristóteles indicaria com precisão o exato momento do início da história da ética antiga: um registro generoso do filósofo que, com os seus grandes tratados de filosofia prática, impõe, no Mundo Antigo, novo modo de pensar as virtudes enquanto tais. Não obstante, talvez se deva avaliar com alguma parcimônia aquela notícia. As virtudes éticas, não há dúvida, pertencem ao âmbito da moral. E se entendermos a moral como o conjunto de valores e de regras de comportamento compartilhados por indivíduos e grupos, aos quais se remete, sempre que esteja em jogo escolher entre condutas diversas e, sobretudo, sempre que, nas dinâmicas da interação social, trate-se de exprimir, de modo não-coercitivo, uma norma de preferência (ou de "preferibilidade") entre tais condutas (tu deves agir deste modo, ainda que não sejas obrigado a fazê-lo), a gênese cronológica da investigação ética torna-se mais difícil de rastrear, remontando até mesmo à *Ilíada* de Homero, primeiro documento escrito da cultura grega.

Independentemente das raízes históricas daquela investigação, entretanto, vale dizer que o pano de fundo que permeia o debate ético na Antiguidade helênica é a busca pela felicidade (*eudaimonia*). No mundo homérico, talvez, ainda não se trate de um "debate" propriamente dito: nele, a felicidade deriva mais simplesmente de entrever com algum grau de consciência as diversas barreiras empíricas estabelecidas por um mundo deificado, estruturado segundo regras pré-estabelecidas, as quais não se deve questionar (porque são impostas por um *status quo* de natureza aristocrática). O conceito de felicidade surge como *télos* investigativo, como claro objeto de especulação filosófica, no exame conduzido por Sócrates. Nele, as estruturas sociais impostas, bem como determinações comportamentais atavicamente concebidas, já não contam mais, como no largo período histórico retratado por Homero. A antropologia socrática, ao invés disso, tem como eixo de sustentação uma dialética cujos efeitos são notoriamente devastadores tanto para uma teia comportamental fundada na mera tradição, quanto para especulação teórica ancorada em percepções não devidamente compreendidas. Assim, neste amálgama de múltiplas influências intelectuais e culturais, surgem alguns dos mais belos enigmas derivados da condição humana: a felicidade seria, para nós, um fim (no sentido mesmo de finalidade)? Se sim, como ser feliz? Antes ainda, o que seria a felicidade para o homem? Como ser feliz sem saber exatamente o que vem a ser felicidade? Os filósofos não declinaram a tarefa de pensar a respeito, Rand menos ainda, e em termos contundentes, como de costume.

Lemos no discurso de n'*A Revolta de Atlas*:

> Se vocês tomam o irracional como padrão de valor e o impossível como conceito do que é bom, se desejam recompensas que não merecem ganhar, uma fortuna ou um amor que não merecem, uma falha na lei da causalidade, um A que se torne um não-A a seu bel-prazer, se desejam o contrário da existência, vocês o obterão. Não exclamem, então, que a vida é frustração e a felicidade é impossível para o homem [...][56].

Aqui nos deparamos com uma primeira severa advertência: um código moral legítimo deve estar ancorado em princípios lançados por razão *calculante*, e, por via de consequência, não em arcabouço constitutivo que, numa inversão de princípios lógicos fundantes, exija de algo ou de alguém aquilo que se

---

[56] RAND, Ayn. *A revolta de Atlas*. São Paulo: Arqueiro, 2010, p. 1064.

coloca *para além de suas ínsitas possibilidades* (naturais ou construídas no curso de uma série de escolhas possíveis): *A* será sempre igual a *A*, ainda que alguém, caprichosamente, pense ou julgue em sentido diverso. A felicidade não se atinge por meio de extravagâncias emocionais, interesses birrentos, emoções confusas ou concepções "tradicionais" de uma dada comunidade. Ela é, antes de tudo, condicionada por um reconhecimento pleno de possibilidades factíveis, por um código moral realizável pelo homem, projetado por mente racional/focada:

> Ela não é a satisfação de todo e qualquer desejo irracional que vocês tentem satisfazer às cegas. Felicidade é um estado de alegria não contraditória – uma alegria sem castigo nem culpa, que não entra em conflito com nenhum dos seus valores e que não contribui para a sua própria destruição –, não o prazer proporcionado pela fuga da sua consciência, e sim pela utilização plena dessa consciência; não o prazer de falsear a realidade, e sim o de atingir valores que são reais; não o prazer de um bêbado, e sim o de um produtor. A felicidade só pode ser atingida por um homem racional, o que não deseja objetivos que não sejam racionais, que não busca nada senão valores racionais, que só encontra prazer e alegria em atos racionais[57].

Isso significa dizer que nem tudo aquilo que vulgarmente poderia ser interpretado como

---

[57] RAND, Ayn. *Op. cit.*, pp. 1064-1065.

"felicidade" deve ser reconhecido como tal. O binômio prazer-felicidade para um bêbado está posto de modo equivocado, especialmente se calibrarmos este ponto com algumas das lições aprendidas com Rand em sua ética objetivista: a) o único objetivo moral do homem é a própria felicidade; b) o mais alto padrão de moralidade do homem é a sua vida; então, c) a felicidade entendida de modo adequado celebra a existência, a sua manutenção qualitativa (a felicidade é o objetivo e a recompensa da vida virtuosa/racional). Se um homem valoriza a sua destruição, mediata ou imediata, e associa o resultado de suas ações à felicidade, o faz segundo erro crasso de perspectiva/cálculo. O estado emocional dos irracionalistas, segundo Rand, não deve ser designado como felicidade ou mesmo prazer, pois o que se tem ali é simples alívio efêmero no interior de um "estado crônico de terror": o fraudador quando frauda, o parasita quando saqueia, o agressor quando agride, o violador quando toma à força.

> Do mesmo modo que sustento a minha vida não por meio do roubo nem de esmolas, e sim por meu próprio esforço, também não tento basear minha felicidade na desgraça dos outros nem nos favores que os outros me concedam, porém a ela faço jus por minhas realizações. Do mesmo modo que não considero o prazer dos outros o objetivo da minha vida, também não considero o meu prazer o objetivo da vida dos outros. Assim como não há vítimas nem conflitos de interesse entre homens racionais, que não desejam o imerecido nem se encaram uns aos

outros com uma volúpia de canibal, homens que nem fazem sacrifícios nem os aceitam[58].

Se o princípio básico da ética objetivista é que, assim como a vida é um fim em si e todo ser humano vivo é um fim em si – e não o meio para os fins, ou o bem-estar dos outros –, o homem deve viver para o seu próprio proveito, não se sacrificando para os outros, nem sacrificando os outros para si. Ao tomar a mim como sujeito com um fim, senhor das minhas ações e responsável por aquilo que sou, tendo a compreender, por conseguinte, o outro *nele mesmo*, como um *fim em si*, me esforço por não colocá-lo como um meio de realização dos meus fins – isto é, não escravizo o outro segundo aquilo que acredito ser o melhor ou o correto –, tornando-me único e exclusivo instrumento de realização da minha felicidade. Viver para o seu proveito implica que o propósito moral mais alto do ser humano é a realização da sua própria felicidade, define Ayn Rand.

> Aceitem o fato de que a concretização da sua felicidade é o único objetivo *moral* da sua vida, e que a felicidade – não a dor nem a estupidez autocomplacente – é a prova da sua integridade moral, visto que é a prova e o resultado da sua lealdade à realização dos seus valores. A felicidade era a responsabilidade que vocês temiam, e ela exigia aquela espécie de disciplina racional que não se valorizavam o bastante para assumir – e a esterilidade ansiosa da sua vida

---

[58] RAND, Ayn. *Op. cit.*, p. 1065.

é o monumento à sua insistência em se evadir da consciência de que não há substituto moral para a felicidade, não há covarde mais desprezível do que o homem que abandonou a batalha pela sua própria felicidade, temendo afirmar seu direito à existência, faltando-lhe a coragem e a lealdade à vida que têm uma ave ou uma planta que procura o sol.[59]

O exercício correto/focado da racionalidade na manutenção da existência do indivíduo é pressuposto da felicidade como tal. Não se trata de uma felicidade em sentido vulgar, inferior. De fato, uma sociedade de homens racionais tende a eliminar substancialmente potenciais conflitos entre eles. Assim, por exemplo, se temos duas pessoas a desejar a mesma vaga de emprego, pela qual se dispõem a competir, e ambas projetaram cálculo racional e entenderam suas reais possibilidades, um eventual choque de interesses tende a se desfazer tão logo aquelas possibilidades se tornem evidentes. O desejo puro e simples não deve contar, nem as expectativas familiares ou fantasiosas projeções sobre o futuro. Em ambiente racionalmente gerido, o homem mais preparado para o cargo o assume, com o justo reconhecimento do seu adversário, sem ulteriores celeumas ou esperneios. Dois indivíduos racionais em disputa por uma vaga de trabalho não querem outra coisa, a não ser justa avaliação pelo que de fato têm a oferecer e pelo que são (não por qualquer interesse subjetivo ou emoção

---

[59] RAND, Ayn. *Op. cit.*, p. 1104.

primitiva). Neste contexto, não há confronto ou espírito beligerante:

> O irracional é o impossível, é o que contradiz os fatos da realidade. Fatos não podem ser alterados por um desejo, mas podem destruir quem deseja. Se um homem deseja e busca contradições – se quer duas coisas incompatíveis ao mesmo tempo –, ele desintegra sua consciência; transforma a sua vida interior em uma guerra civil de forças cegas envolvidas em conflitos sombrios, incoerentes, sem sentido nem significado (o que, casualmente, é o estado interno da maioria das pessoas atualmente)[60].

Isso denota que, ao ventilarmos um desejo puro e simples, ele catalisa a nossa própria destruição, pois é uma aspiração baseada não em uma realidade, mas apenas no querer. Ao confrontarmos o nosso desejo com a realidade e, logo, ao avançarmos com cálculo racional, diminuímos, em grande medida, a possibilidade da frustração e, por outro lado, aumentamos, em grande medida, a possibilidade da felicidade. Aceitar "qualquer coisa que faça feliz" como um guia de ação, significa ser conduzido apenas por obstinação emocional. As emoções não são ferramentas de cognição. Ser levado por caprichos – por desejos cuja fonte, natureza e significado não se sabe –, como um garoto intransigente, é transformar a si em um robô, que nocauteia seu próprio cérebro

---

[60] RAND, Ayn. *A virtude do egoísmo*. São Paulo: LVM Editora, 2020, pp. 38-39.

imobilizado contra as paredes da realidade que se recusa a ver.

Não estamos a tratar aqui de aceitação ou não aceitação. O fato de eu dizer, com base nos meus desejos e nos meus impulsos, que não aceito que as coisas sejam como são, demonstra o grau de obscurantismo místico com o qual opero a minha consciência ou do desprezo no uso da razão *calculante* diante dos fatos.

Os interesses racionais dos homens não se chocam, insisto. Chocam-se as suas paixões e seus interesses irracionais. Aquele que faz um cálculo racional entende, perfeitamente, quando o elemento de desejo é imerecido e que, portanto, ele não tem nenhum tipo de direito de demandá-lo. Pessoas que não aceitam sacrifícios feitos por elas são comerciantes, pois trocam valor por valor. E o princípio da troca é o princípio da justiça. Sem senhores, sem escravos. Trocas livres, voluntárias, não-forçadas, não-coagidas. Pressuposto de felicidade é perceber que o outro não deve se colocar em função dos meus desejos, nem é uma escada para a minha realização pessoal; menos ainda, o responsável por aquilo que eu sou.

É sobremaneira sedutora a solução fantasiosa de mentes desfocadas: "Deus quis assim", "tenho que aceitar as coisas como são", "era mesmo a hora disso acontecer". Os clichês se multiplicam na busca por responsáveis outros que não o próprio sujeito. O indivíduo não produtivo, lançado a desejos ou propósitos imaginários, cria para si uma armadilha e se sabota. O que ele enxerga refletido no espelho não é o que deveria enxergar: o resultado de suas escolhas conscientes, mas uma amargurada visão construída, em sua mente, por "outros", por "terceiros" ou pelo "destino". É um indivíduo que "sente" e, ao fazê-lo, pensa ter razão sobre o que experimenta pelo simples fato de... sentir:

> Quando um desejo, seja qual for a sua natureza ou causa, torna-se uma premissa ética, e a gratificação de todo desejo é tomada como um objetivo ético (como "a maior felicidade para o maior número"), os homens não têm outra escolha senão odiar, ter medo e lutar uns contra os outros, já que seus desejos e interesses, necessariamente colidem. Se "desejo" é o padrão ético, então, o desejo de um homem de produzir e o desejo de outro de roubá-lo têm igual validade ética; o desejo de um homem ser livre, e o desejo de outro escravizá-lo, tem igual validade ética; o desejo de um homem de ser amado e admirado por suas virtudes, e o desejo de outro de amor e admiração imerecidos, têm igual validade ética[61].

Desejos ou sentimentos não são premissas éticas num mundo de indivíduos racionais. Aquele é o mundo do "politicamente correto", do "ódio do bem", dos "cancelamentos", das reputações que devem ser destruídas, porque alguém "discorda de mim, do que sinto e desejo". Numa realidade tomada pelo "querer", imergimos num sentimentalismo tóxico infantilóide, dificilmente tolerável por homens

---

[61] RAND, Ayn. *Op. cit.*, p. 41.

dotados de algum bom senso. Nela, o outro, evidente, deve ser destruído em suas pretensões, pois qualquer dimensão de racionalidade objetiva foi posta de lado. Ficamos à mercê de uma espécie de guerra de todos contra todos, reificados, homens que veem nos outros um bando de animais prontos para serem sacrificados em nome de suas sacrossantas causas. Escravizar, pilhar, roubar ou assassinar passam a ser termos tomados de carga semântica "relativizável": se estou a defender algo "maior", "numericamente expressivo" ou que represente o desejo de uma "maioria" (mesmo que projetada segundo critérios inautênticos), então, nada mais natural do que promover, no altar reservado aos mártires de gente messiânica, uma verdadeira hecatombe. Nunca passou pela cabeça dessas pessoas, dominadas pela patologia do altruísmo, que o autointeresse, desde que mediado pelo que temos de mais nobre, virtude racionalmente calculada (que leva a uma vida feliz), pode se dar sem que isso implique sacrifício de terceiros.

A ética objetivista, deste modo, defende que o bem humano não requer hecatombes humanas e não pode ser alcançado pela submissão de ninguém. A felicidade de um homem não depende da imolação de outro. Se, por um ato de livre adesão – derivado de amor ou de algo que se imponha ao meu horizonte moral – me ofereço para colaborar, isso não é sacrifício, é integridade de homem livre, autointeressado. Amar é dar valor, enfatiza Rand. Apenas um homem racionalmente egoísta, dotado de autoestima, de respeito por si, é capaz de amar – porque é o único tipo de homem capaz de manter valores firmes, autônomos, não dependentes da volição ou da destruição, absoluta ou relativa, de quem quer que seja. Quando agimos com autonomia, nos aproximamos de uma noção de felicidade tangível. Não uma felicidade derivada de contos fantasiosos, que, uma vez atingida, não exige ulteriores esforços para a sua cíclica conquista, mas de um tipo que se constrói a partir do indivíduo que está o tempo todo a balizar as suas ações inspirado em preceitos lógicos, não hipócritas, vale dizer, sempre a se fazer merecedor de condição legítima de homem feliz. A figura que representa, por antonomásia, esse ideal de homem no Objetivismo de Ayn Rand é o *comerciante*.

O comerciante é o homem que faz jus àquilo que recebe e não dá nem toma para si o que é imerecido. O comerciante não pede que lhe paguem por seus fracassos, nem que o amem por seus defeitos. Ele não desperdiça seu corpo como sacrifício nem sua alma como esmola. Do mesmo modo que ele só dá seu trabalho em troca de valores materiais, ele também só dá seu espírito[62] – seu amor, sua amizade, sua estima – em pagamento e em troca de virtudes humanas, em pagamento de seu próprio prazer egoísta, que recebe de homens merecedores de seu respeito.

Os parasitas místicos que, em todas as eras, insultaram o comerciante e o desprezaram, ao mesmo tempo em que honraram os mendigos e os saqueadores, sempre souberam o motivo secreto de

---

[62] O termo aqui não deve ser entendido como "para além da realidade", o que seria um contrassenso no interior da especulação de Rand. Por "espiritual" ela quer dizer o que pertence à consciência do homem.

sua zombaria: o comerciante é a entidade que eles temem – o homem justo.

Não espere ser pago ou retribuído pelo que não mereceu. Não evoque direitos místicos para dizer que alguém deve algo a você ou aos seus. Não espere reconhecimento por simples condição genética de nascimento ou por qualquer outra característica constitutiva meramente acidental. Ninguém deve nada a ninguém e qualquer forma de colaboração humana deve se dar na dinâmica do comerciante (que, inclusive, poderá doar parte da sua produção, ou mesmo toda ela, se assim achar conveniente, segundo o seu interesse). Atuar em sentido contrário é atuar como animal irracional, e a realidade ameaça de morte seres assim, quando dispõem de discernimento racional não posto em movimento. Ninguém deve se prejudicar por ninguém, e ninguém deve exigir o sacrifício de outro para se realizar. Em tempo: se alguém alcança sucesso na carreira após muito se esforçar, se um pai doa órgão do seu próprio corpo para salvar o filho ou membro querido do seu círculo de convivência, se alguém escolhe livremente renunciar a algo por um terceiro (a quem dedica afeição/amor), isso nada tem a ver com sacrifício, mas com integridade, só possível a um indivíduo racional. Nenhum homem escravizado, nenhum homem servil pode ser feliz.

Parasitas, vagabundos, saqueadores, brutamontes e assassinos não têm valor algum para o ser humano racional e não devem ter suas condições exaltadas ou premiadas por uma vida social pensada para que obtenham benefícios imerecidos, projetados sobre as suas supostas necessidades, exigências, desejo de proteção, numa eterna recompensa por seus vícios. Homens justos não devem pagar pela injustiça de seus pares, assim como um comerciante não espera ser pago pelos seus erros ou inabilidade. Se alguém quiser fazê-lo livremente, sinta-se à vontade. Mas não espere que sejamos todos abatidos como animais de sacrifício para a realização de terceiros que se colocam distantes de nosso quadro moral. Não espere que consideremos código moral concebido desta forma algo inalcançável.

> Não digam que a minha moralidade é dura demais para vocês praticarem e que a temem como o desconhecido. Todos os momentos de vida que vocês já experimentaram foram vividos segundo os valores do *meu* código. Porém, vocês o sufocaram, negaram, traíram. Insistiram em sacrificar as suas virtudes em benefício dos seus vícios, e o melhor dos homens em benefício do pior.
>
> [...]
>
> Esses amontoados de destroços que são o seu mundo, agora, são a forma física da traição que cometeram contra os seus valores, os seus amigos, os seus defensores, o seu futuro, o seu país, contra vocês próprios[63].

Um homem deve aceitar a sua vida como princípio fundamental e, ao fazê-lo, deve buscar os

---

[63] RAND, Ayn. *A revolta de Atlas*. São Paulo: Arqueiro, 2010, p. 1105.

valores racionais necessários para a sua manutenção: só assim poderá alcançar felicidade legítima. Um homem que, pelo contrário, busca a felicidade por algum padrão emocional indefinido, amorfo, um cipoal de caprichos, se embaraça em ameaças à sua própria vida. Um homem feliz sabe discernir com clareza princípios lógicos e, então, se submeter a eles. *A* é sempre igual a *A*. Algo não pode ser *X* e *não-X* ao mesmo tempo. Uma proposição não pode ser verdadeira e falsa ao mesmo tempo. Negar tais princípios é negar o melhor da condição humana e se subordinar a elementos de conforto momentâneo, de servidão, de morte.

EPÍLOGO

A ética desenhada por Ayn Rand, por tudo o que nos trouxe até aqui, não está nada distante, *ao menos sob certos aspectos*, daquela pensada pelo seu herói filosófico, Aristóteles. Ele define a felicidade – no Capítulo I, livro 6, *da Ética a Nicômaco* – como a realização, o "bom estado" de qualquer objeto ou ser capaz de desenvolver uma função específica, cuja existência consista na efetiva aplicação desta função (como o é, por exemplo, o esculpir para o escultor). A função própria do homem em geral, declara Aristóteles, não consiste apenas no existir, algo comum a todos os seres vivos. Ela consiste, isso sim, na atividade do homem segundo a tensão que lhe é própria, isto é, segundo razão, racionalidade. Dado que a felicidade é pré-condição para a perfeição (ao menos na medida em que é dado ao homem alcançá-la), a atividade da sua dimensão racional não deve ser uma atividade qualquer: deverá ser de acordo com a virtude. Aristóteles é enfático ao negar a ideia toda aristocrática de uma dotação natural de virtude: algo que, de um lado, excluiria qualquer necessidade de um esforço de formação moral, e, de outro, representaria uma seleção social muito forte em relação à gama dos possíveis indivíduos virtuosos da *pólis*. A natureza fornece somente uma pré-disposição à virtude, que, no entanto, deve ser conquistada com específico empenho que parte do universo individual. Para que o ensinamento que determina a conduta virtuosa seja possível, deve-se imprimir esforço não banal. Trata-se de condicionar e submeter aos desígnios da razão a porção desejosa/impetuosa do indivíduo. A filosofia prática de Aristóteles se insere num universo histórico-especulativo segundo o qual a felicidade é, para o homem, assim como para Ayn Rand, o bem mais alto:

> Quanto ao nome desse bem, parece haver acordo entre a maioria dos homens. Tanto a maioria quanto os mais sofisticados dizem ser a felicidade, porque supõem que ser feliz é o mesmo que viver e passar bem. (*EN*, I, 4, 1095 a 16-21).

Não poderia ter escolhido "nome" tão bem inscrito na tradição moral do seu tempo e no imaginário comum do homem grego: felicidade, *eudaimonia*, literalmente, ser acompanhado por um "bom *daimon*", se preferirmos, em livre tradução, por uma "boa divindade", algo que, em linguagem ordinária, traduz "uma boa vida", "uma atividade marcada pelo êxito" (*EN*, I 8 1098b 21ss.).

Com efeito, numa abordagem técnica mais detida, restará claro que as filosofias práticas de Aristóteles e Rand comportam também discordâncias irredutíveis[64]. No entanto, salta aos olhos este propósito fundamental que as liga historicamente: indivíduo, felicidade como *télos* (finalidade), racionalidade como instrumento de cognição, pré-condição natural que viabiliza cálculo racional. Aliás, Aristóteles foi para Rand um "Atlas na Filosofia", responsável por carregar toda a civilização ocidental em seus ombros:

> A filosofia de Aristóteles equivale à Declaração de Independência do intelecto. Aristóteles, o pai da Lógica, deveria receber o título de primeiro intelectual do mundo, no sentido mais puro e nobre da palavra. Independentemente de quaisquer resquícios

---

[64] A "verdade", em sentido absoluto, não é algo que se deva esperar de um estudo que envolva fatores muitas vezes circunstanciais, típicos da condição humana, afirma Aristóteles, por exemplo. Não se trata de abandonar uma perspectiva científica em prol de uma noção sofístico-relativista do homem como medida de todas as coisas, ao contrário: a força de um tal estudo repousa na possibilidade real e efetiva de se encontrar, por meio dele, uma *verdade possível*, enraizada no que sucede *no mais das vezes*. Eis que as limitações do objeto se impõem ao investigador de modo irrenunciável, circunscrevendo a força resolutiva das suas soluções. Para ele: "do mesmo modo, é preciso pedir que cada uma das coisas tratadas seja aceita a partir dessa mesma base de entendimento. É próprio daquele que passou por um processo de educação requerer para cada passo particular de investigação tanto rigor quanto a natureza do tema em tratamento admitir. Com efeito, parece um erro equivalente aceitar conclusões aproximadas a um matemático e exigir demonstrações a um orador". (*EN*, I, 3, 1094b 28-32).

de platonismo[65] presentes no sistema de Aristóteles, sua conquista incomparável reside no fato de ele ter definido os princípios básicos de uma visão racional da existência e da consciência do homem: que há somente uma realidade, aquela percebida pelo homem; que ela existe como um absoluto objetivo (isto é, independente da consciência, dos desejos ou dos sentimentos de qualquer observador); que a tarefa da consciência humana é perceber – e não criar – a realidade; que abstrações são o método do homem para integrar seu material sensorial; e que a mente do homem é seu único meio de conhecimento; e que A é A.

Se considerarmos o fato de que, até hoje, tudo o que nos torna seres civilizados, todo valor racional que possuímos – incluindo o nascimento da ciência, a Revolução Industrial, a fundação dos Estados Unidos, e até mesmo a estrutura de nossa linguagem – é resultado da influência de Aristóteles, na medida em que, explícita ou implicitamente, a sociedade aceitou seus princípios epistemológicos, teríamos que dizer: nunca tantos deveram tanto a um só homem[66].

---

[65] O modo como Ayn Rand vê Platão, diversamente disso, não é nada otimista. Rand viu nele conteúdos que considerava "místicos" e, por consequência, que não mereciam consideração de natureza filosófica.

[66] RAND, Ayn. *The Ayn Rand Lexicon: Objectivism from A to Z. For the New Intellectual*, Ayn Rand Library: 1988, p. 22.

Aristóteles é, então, o pensador por excelência do "a realidade existe" ou, vale dizer, do "a existência existe", tão caro ao Objetivismo. Apenas um mundo existe: o mundo dos particulares em que vivemos, no qual homens percebem por meio de seus sentidos. Não há substâncias metafísicas (em sentido clássico, projetadas para além do mundo físico), não há as Formas ou Ideias platônicas, não há nada separado dos seres particulares. A realidade é composta não de abstrações platonizantes, mas de entidades concretas e individuais, cada qual com uma natureza definida, obedecendo às leis inerentes à sua natureza. O universo de Aristóteles é o universo da ciência, da experiência, da *empeiria*. O mundo físico nada tem de "divino", mas é autônomo e autossuficiente. Não há nele, segundo Rand, espaço para intuições indescritíveis do além.

É preciso ser intelectualmente honesto também aqui: Ayn Rand leu mal algumas das páginas mais fundamentais da filosofia de Aristóteles. Talvez tenha visto nele um forte argumento de autoridade histórica para a sua própria filosofia, mas fato é que encontramos em seu *corpus* escrito (o de Aristóteles) elementos de uma filosofia *metá tá physiká* impossíveis de serem silenciados. Nada disso importa, no entanto, ao menos no contexto em que nos encontramos. Esse recurso utilizado por Rand é denominado "apropriação teorética". Um determinado autor volta seu olhar para outro pensador com o escopo de extrair dele conteúdo que, modulado e ajustado, servirá ao autor. Logo, não se trata de "apropriação histórica", destinada a recuperar exatamente o que determinado filósofo alegou, de modo mais adequado possível.

Quando um *historiador* da filosofia volta seu olhar para o passado, que seja para Platão ou Aristóteles, por exemplo, busca apenas compreender esses autores neles mesmos, em suas obras, nada mais (não há outro propósito a não ser o de recuperar, historicamente, dados). Uma leitura teorética, não: ela se lança para além do autor estudado, segundo abordagem pensada para alimentar especulação posterior. Isso não diminui em nada a qualidade da influência de Aristóteles na obra de Rand, antes, pelo contrário: joga luz preciosa sobre o que, para ela, deveria ser eixo de sustentação do Objetivismo (o conteúdo de aristotelismo que se entrevê em Rand baliza o nosso caminho para a compreensão da autora). Esse é um dado precioso para nós, distantes mais de 2.500 anos de Aristóteles e algumas boas décadas de Ayn Rand. Ambos sustentam que o homem pode lidar com a realidade, atingir valores e viver de maneira não trágica. Nenhum dos dois acredita na tese de um homem-parasita ou do que Aristóteles vai chamar homem-monstro (*teratos*).

O que Ayn Rand talvez não tenha percebido com nitidez, para além de sua devoção teorética a Aristóteles, é que, ele mesmo, por sua vez, era filho de categorias mentais muito próprias dos gregos, categorias que inundaram indiretamente o quadro especulativo da autora. Razão, pragmatismo (celebração da realidade tal qual é), liberdade individual, reconhecimento de uma condição humana que se constrói no fluxo da existência (todos aqueles elementos evocados na primeira parte deste livro, de modo propedêutico, preparatório): o emergir de tais elementos condicionou o nascimento do pensamento grego. Esses elementos marcam forte presença no Objetivismo (como pudemos ver pela mediação de um Aristóteles apropriado por Rand). Encontramos nela o que encontramos, *ab ovo*, no florescer da própria Filosofia: a firme defesa da razão contra as fantasias mítico-religiosas; o autointeresse em oposição ao autossacrifício; o individualismo a antagonizar com o coletivismo e com os "direitos de grupo" entre outros.

Ayn Rand é, então, profundamente original e, ao mesmo tempo, repositório precioso de tempos imemoriais do pensamento filosófico. A força dinâmica do seu sistema especulativo prepara terreno fecundo para uma proposta hodierna de *paideia* intelectual, e dele não devemos abrir mão, especialmente no Brasil do século XXI. Rand codificou de modo único a condição humana. Não se trata apenas de uma análise do caráter do homem, isto é, das formas de comportamento e das espécies de relacionamento com o mundo, com os outros, consigo, tanto de um modo excelente como de um modo perverso. Trata-se de abertura de horizonte, no qual o humano se pode encontrar verdadeira e plenamente, contra um vazio interior que ronda a sua existência; contra o medo de sermos reduzidos, pela força irresistível de um modo de vida devastador, a uma mera larva de homem que se move no nada.

Que a "farmácia" de Ayn Rand, erigida até essas linhas, seja útil, portanto. Que seja decisiva na construção de indivíduos **racionais**, **independentes**, **íntegros**, **honestos**, **justos**, **produtivos** e **orgulhosos**, assim como nos ensina uma das maiores filósofas da história.

APÊNDICE[67]

DIÁLOGO SOBRE AYN RAND COM DENNYS XAVIER E LARA NESTERUK

Lara Nesteruk – Boa tarde, Dennys. É um prazer falar com você.

Dennys Xavier – Boa tarde. Lara, seja muito bem-vinda, e muito obrigado. Você tem sido uma divulgadora extraordinária do pensamento de Ayn Rand. Mais do

---

[67] Transcrição de diálogo entre Dennys Xavier e Lara Nesteruk por ocasião do lançamento do curso "Ayn Rand e os devaneios do coletivismo", realizado em parceria com o Instituto Mises Brasil. O diálogo, gravado em vídeo em 13 de maio de 2020, encontra-se na página do YouTube do IMB, em https://www.youtube.com/watch?v=OV3R6udLWKU.

que uma divulgadora, você parece viver a filosofia objetivista no seu cotidiano. Não se trata, para quem acompanha suas publicações, de algo só da boca para fora. Muita gente diz: "Ah, o Dennys estuda Filosofia, mas Filosofia é uma coisa muito técnica, abstrata, com poucos reflexos na vida prática". Antes pelo contrário, há dimensão da Filosofia que tem profundos reflexos na vida cotidiana e você faz isso [viver elementos do Objetivismo] muito bem. Nessa linha que vincula especulação filosófica e agir, obrigado por ter se tornado uma embaixadora de Ayn Rand no Brasil. Eu falei isso para você em um almoço, acho que você não tem noção da dimensão que tem tudo isso.

LN – Fico muito feliz e muito honrada. Eu realmente não tenho, mas isso é bom. Porque, não tendo noção, também não fico me sentindo tão responsável; eu sigo fazendo do jeito que eu acho que dá. Isso é bom. Estou feliz.

DX – É verdade, é genial. É um grande trabalho. Inclusive, porque, na verdade, quando você tem o Objetivismo no Brasil como uma corrente filosófica que ficou meio à sombra, distante das pessoas, especialmente na Academia; de repente, um dia, a coisa toda vem à tona. Eu acho que foi a Mari Brito que lhe deu o livro? [referência ao *Ayn Rand e os devaneios do coletivismo*, coordenado por Dennys Xavier].

LN – Foi ela.

DX – Você postou algum comentário sobre o livro e a minha página no *Instagram*, que eu nunca usava, começou a ser "invadida" por uma série de novos amigos virtuais, curiosos e carinhosos. Logo pensei: o que será que aconteceu? Aí que fui descobrir que você havia me citado e começou a falar da Ayn Rand. Lara, como é que a Rand chegou à sua vida? Não sei se foi pelo livro, se você já havia ouvido falar. Como é que ela chegou a você?

LN – Eu vou começar falando de como começou. A Mari é uma graça. Eu tenho uma paixão enorme por ela e pelo Bruno [Garschagen]. Eu a conheci pelo Bruno, que é marido dela, e um dia, eles vieram em um almoço em casa. Ela me trouxe de presente quatro ou cinco livros e um deles era esse [*Ayn Rand e Os Devaneios do Coletivismo*]. Eu não esqueço, ela falou para mim: "Eu sei que você gosta de Ayn Rand". Foi uma conversa rápida, depois, eu pensei: "Por que eu gosto de Ayn Rand?" (risos). Aí que reparei que a Mari não sabia que eu não tinha lido Ayn Rand. Poderia parecer o contrário pelo meu discurso, pelo meu modo de ser. As coisas que a Ayn Rand prega são tão fortes. Na verdade, as que eu já intuía há muito tempo e que, hoje, eu entendo que estão registradas de modo extraordinário em Rand, são coisas que eu via, principalmente, o Nassim Taleb falar, ou mesmo o Jordan Peterson, ou o Ben Shapiro, que são grandes influências para mim. Eu peguei os livros que ela me deu. Havia um do Theodore Dalrymple que logo me meti a ler. Num dado momento, eu peguei esse [*Ayn Rand e Os Devaneios do Coletivismo*], juro que ao acaso. Quando comecei, vi a história toda no início. Na primeira vez que fui ler, eu falei: "Ah, não vou ler a biografia. Deixa-me ir direto ao negócio e ver qual é a dessa autora". Fui lendo e acho que é o livro mais grifado, mais rabiscado, que eu tenho na vida. Voltei para entender a história dela depois. Além de ser um livro que está gasto – só para vocês terem ideia, eu tenho mais dois exemplares em casa, porque, sei lá, temo que, um dia, pegue fogo na casa e queime um (risos). É o livro que eu mais manuseio e esse caderno que tenho na mão é só de anotações sobre o que li nesse livro. Eu fiquei encantada, porque, pela primeira vez, vi alguém – e nem me liguei se era uma mulher, se era um homem – dizendo uma coisa que, para mim, fazia cem por cento de sentido. Fui começar a ler os romances dela. Li *A Nascente* e estou terminando *A Revolta de Atlas*. Em *A Revolta de Atlas*, depois nós vamos falar disso, como escritora, a Rand dá uma pecada; é meio pesado, apesar de a filosofia dela ser sensacional. E foi desta forma que eu a descobri. Conforme descobri esse livro [*Ayn Rand e Os Devaneios do Coletivismo*], é que eu descobri você [Dennys Xavier]. A coisa toda encaixou. Foi fantástico.

DX – Foi maravilhoso. É claro que, quando você produz uma obra dessas [*Ayn Rand e Os Devaneios do Coletivismo*], você quer que as pessoas tenham acesso, que conheçam, porque a gente sempre faz com muito empenho. O fato de ter deflagrado um interesse extraordinário sobre a vida da Rand, um interesse sobre as coisas que estão relacionadas ao seu pensamento, é algo de fundamental importância, Lara, porque é um país que precisa muito dela. É uma grande autora desde sempre, como fenômeno editorial e de construção de ideias. *A Revolta de Atlas* é uma obra-prima, mesmo que eventualmente não agrade sempre em termos de estilo.

LN – Dá uma pecada. Quero falar sobre isso depois.

DX – Mas é incrível como que, mesmo eventualmente não agradando sempre em termos estilísticos, é decisiva em termos filosóficos. Nós precisamos conhecer essa mulher. Ela traz uma tensão de filosofia empreendedora inafastável nos dias de hoje. Eu falo isso no curso; da luta, da filosofia que não aceita menos do que o melhor como *télos*, como fim. E você fala isso com frequência na sua página no *Instagram*: "essa fadiga do politicamente correto, esse discurso pasteurizado, de gente que adora se portar como vítima de tudo e de todos; um discurso que toca muito o coração, mas não toca a razão". E o fato de nós ignorarmos isso – ou de considerarmos algo razoável – está impresso na história deste país.

LN – Eu vou te dizer uma coisa; não sei como é isso para as outras pessoas que conhecem Rand, em algum momento, mas, para mim, o que mais pegou foi a questão da filosofia dela estar totalmente na contramão da moral cristã. Esse é o ponto. Porque eu nasci em um lar cristão e morei em um lar cristão-evangélico. O meu padrasto era pastor de igreja evangélica e nós morávamos na igreja. Eu morei, por muito tempo, em um quartinho minúsculo, com a família toda, ali, para servir à igreja. Comecei a estudar Teologia, por conta própria, aos catorze anos, porque eu queria entender aquela coisa que via cercada de tanta paixão. Acabei estudando Teologia por uns quatro ou cinco anos, sempre por conta de empenho pessoal. Fiz muitos cursos livres, mas, no fim das contas, tudo era mesmo por conta própria, fruto do meu esforço. A minha mente se formou nessa coisa altruísta e na demonização do egoísmo. Quando eu fui estudar a Rand... todo mundo que está nos assistindo, a essa altura, sabe que, no fim das contas, ela está sempre a tratar de um egoísmo de tipo racional. Quando nós olhamos para esse testemunho do próprio Cristo, ou seja, um Deus eleito que se sacrifica por toda a Humanidade, se nós não pensarmos, vamos achar que a filosofia de Rand está, realmente, na contramão do que Ele fez e faz. No entanto, se nós entendermos Rand de modo ajustado, saberemos que o egoísmo objetivista não quer dizer: eu por mim e só eu comigo. Quer dizer, isso sim: eu me "sacrificar", ou eu me "doar", *por quem eu amo* (logo, nem estamos falando de "sacrifício" exatamente, porque é um tipo de entrega que faz sentido para mim, que está no meu horizonte moral). Porque quando, por exemplo, abro mão de mim, para servir ao meu marido, que eu amo, isso é uma coisa virtuosamente egoísta. Estou fazendo o que eu quero, porque eu o amo. E, teoricamente, Cristo se "sacrifica" pela Humanidade que Ele ama. Foi muito louco e bacana, na minha mente, essas coisas irem, ao longo do tempo de um ano, acontecendo. Primeiro, foi um baque. Era totalmente contra o que eu já entendia e, hoje, quase um ano depois de estar lendo sobre isso, parece que o quadro geral se encaixa melhor, ao menos para mim.

DX – É muito legal você falar isso, porque, de dez mensagens que eu recebo sobre a Ayn Rand, nove são sobre essa questão. Nós temos pessoas que são religiosas, devotas a uma determinada fé e que falam: "Professor, eu gosto muito da Ayn Rand, mas eu não quero abandonar a minha fé". Eu, como professor de

História da Filosofia, digo a elas: "Do ponto de vista dos documentos e da posição de Ayn Rand, a filosofia objetivista é uma filosofia antimetafísica (se tomarmos metafísica em sentido tradicional, de uma realidade que se coloca para além do mundo dos fenômenos)". É uma filosofia que afasta do cálculo da existência o conteúdo do sobrenatural, místico. Se nós tomarmos a Rand nela mesma, você vai ter que entender que há um afastamento. No entanto, o modo como você absorve a mensagem de Rand pode sofrer reflexos das experiências subjetivas: "essa mulher está me dizendo uma coisa de uma forma que faz completo sentido para mim, com as minhas vivências, com as leituras que eu fiz". Apenas não devemos negociar, como hipócritas ou seres desleixados, com o que nos incomoda. Mas enfrentar abertamente no campo da boa argumentação racional.

LN – A questão é que eu me senti validada, as coisas fizeram sentido, numa descoberta única. Quanto à questão dela como romancista, basicamente, ela [Rand] tenta passar toda essa filosofia dentro do caráter da personagem, das características de cada personagem dos seus romances. No entanto, eu vejo essas personagens um pouco como "pastelões". Eu entendo que ela chegou da Rússia, naquela época, e aprendeu a falar inglês com a TV, praticamente. Eu não acho que ela passou por um baita curso de inglês (risos). Ela parece ter essa referência "pastelão". E, no fim das contas, essas personagens ficam sendo um pouco assim. Do ponto de vista literário, eu não acho rica. Não é um Hemingway, não é um Sabino, que eu gosto de ler. No entanto, eu vejo esse esforço dela de, mesmo com essa fragilidade linguística ou mesmo artística, com essa pendência, colocar na história de cada um desses personagens a sua filosofia de modo magistral. Nós temos que lembrar que ela não iria ser ouvida se não escrevesse romances. Isso é muito nítido. Ela precisava ser ouvida. Sabia que, se escrevesse segundo estrutura estritamente acadêmica, não seria ouvida de jeito nenhum. Ela não era acadêmica, não era do *establisment* acadêmico, que é muito fechado. Portanto, ela tentou fazer isso nos romances. Dá uma pecada, é minha opinião, mas, enfim, ela acaba conseguindo passar a mensagem por meio daquelas personagens. Quando você a lê pelos romances, pode ficar mais difícil. É preciso que você tenha muito carinho por aquele livro, para você filtrar as personagens e falar: "Certo, entendi o que ela quis dizer do ponto de vista filosófico". Mas a maioria das pessoas não tem esse carinho ou esse cuidado. Vão ler e falar que é "ruim, meio bom, mas é ruim" em termos literários. Mesmo porque são três páginas para descrever um prédio (risos). Não é fácil. Por isso, para mim, o seu livro [Dennys Xavier] é tão mais sensacional do que a obra dela, porque ele facilita, coloca os conceitos em seus devidos lugares, oferece o caminho das pedras. A maioria das pessoas não vai pegar *A Revolta de Atlas*, por exemplo, e entender isso que eu estou dizendo. "Ah, cada personagem é uma coisa, entendi". Não, o seu [livro] vem ali e já mete todos os pontos em ligação, em perspectiva. E foi assim que eu me senti validada. Eu li aquilo e pensei: "Tudo o que eu penso que, de repente, eu não sabia falar, agora, está escrito aqui". É isso! Foi sensacional, mas eu sou suspeita.

DX – Para um escritor, e falo em nome da equipe que trabalha na Coleção Breves Lições, da qual o livro sobre a Rand faz parte, não há nada que possa ser mais belo do que ouvir testemunho como esse. E eu cheguei à Ayn Rand, também, por um caminho totalmente tortuoso, pela influência que ela admite ter de Aristóteles. Você sabe que eu sou um professor de Filosofia Antiga e, de repente, mexendo com as coisas de Aristóteles, mexendo com a ética aristotélica, que é uma Ética extraordinária sob vários pontos de vista (em alguns pontos, aproxima-se muito dessa ética randiana) acabei chegando a Rand e aos seus romances de "realismo fantástico".

LN – Eu penso que ela pegou Aristóteles e o colocou em uma realidade pós-industrial.

DX – É. Essa é uma ótima definição; você se apropriar mais uma vez de Aristóteles, a partir de uma perspectiva de quem viveu um regime coletivista. Essa coisa randiana de calcular racionalmente os aspectos da vida está muito forte em você, Lara. Como funciona isso em você?

LN – Boa pergunta. Isso é totalmente "de fábrica". A questão é que eu estava em um meio evangélico, estava em um meio cristão e eu via a paixão das pessoas por aquilo tudo, a devoção das pessoas. Eu vivia essa devoção. Não consigo olhar para nada em que eu veja uma tremenda devoção, mesmo, e dizer: "Certo, quero". Eu sempre penso: "Deixa-me ver por quê? De onde vem?" Engraçado, antes desse nosso encontro, eu assisti a vídeos de pessoas que criticam a Rand. Isso é algo que eu já tinha feito por escrito, mas nunca havia visto pequenos vídeos. É difícil achar em português, a maioria das pessoas está na América [do Norte]. E são aqueles vídeos característicos do pessoal falando que ela é totalmente descreditada na Academia, não tem nem motivo para ler, mas, "acabou que eu [pessoa do vídeo] sou tão maravilhoso, que eu li, então, deixa-me falar para vocês". Essa coisa de ver o outro lado, de tentar ver o que eles estão vendo, de tentar entender o que eles estão entendendo, isso é algo que baseou a minha vida, tanto no Cristianismo, até o ponto de eu estar completamente fora dele, como estou hoje, quanto na minha profissão. Sou nutricionista. Na minha profissão, eu vou e faço cem por cento na contramão do que é a diretriz, justamente por não conseguir, já como profissional, olhar a diretriz e falar: "Está bom, amei, é isso". Eu também quis ir atrás, compreender formas diferentes de olhar para a mesma questão, para o mesmo problema. E foi desta forma que eu entendi que, ali, não era a única chance, o único modo, a única forma de fazer Nutrição. Eu acho que isso de questionar, de olhar, de querer ver o outro lado, é o que sempre me levou a dar essa questionada no *mainstream*.

DX – Vida filosófica, na melhor das acepções. Lara, tem uma frase que você me mandou, que coloquei no convite para esse nosso diálogo, e as pessoas ficaram desesperadas para saber "o que a Lara está querendo dizer com isso?".

LN – Foi sobre o julgamento, não é?

DX – Exatamente isso. Você falou que antes da Rand, achava bonito não julgar. O que você quer dizer com isso, no fim das contas? Estão todos se perguntando isso.

LN – Sim, eu cheguei a falar para você, quando me pediu uma frase para pôr, eu coloquei essa com a certeza de que isso seria ponto alto da nossa conversa. Por quê? Porque qualquer pessoa que me segue, que me acompanha – eu estou nas redes sociais há, pelo menos, seis anos, por aí. Se há uma coisa, uma única coisa, se você perguntar para alguém – e tem muitas pessoas que estão lá comigo há cinco, seis anos: "Qual é a grande característica dela? O que ela sempre falou?" "Eu não julgo". Eu sempre falei isso, e muito. Por quê? De novo, como eu tive uma base cristã, muita coisa do Cristianismo eu ainda carrego comigo. Apesar de eu ser uma pessoa que, mesmo com toda aquela influência cristã, se coloca como agnóstica, eu sempre digo que há coisas que no Cristianismo são irretocáveis. Por exemplo, como o Cristianismo coloca um relacionamento homem e mulher, eu acho irretocável. De novo, a forma como o Cristianismo põe, não como as pessoas acham que ele põe. Mesmo porque o Cristianismo é sujeito a várias leituras não propriamente corretas: há apropriações equivocadas, as pessoas leem muito errado. Bom, como essa minha base do que está na diretriz cristã ainda se faz presente, uma das coisas que existem é o tal "não julgar". Eu sempre tive isso de falar: "Fulano fez tal coisa, não julgo". E por que eu sempre disse "não julgo"? Porque eu sempre me coloquei no lugar de "eu também faço muita besteira". Logo, quando eu digo para alguém "isso eu não faria", me sinto em uma posição de extrema arrogância e sei que não posso fazer isso. Essa arrogância de dizer "isso eu não faria", eu tinha. Todas as vezes que via alguém cometendo um grande erro, um equívoco, falava: "eu não julgo". E as pessoas que me acompanham sempre perguntavam se eu trazia isso do Cristianismo e eu dizia que sim, "eu não julgo". No entanto, olha que interessante; eu nunca exteriorizei isso que eu vou falar agora. Apesar de sempre dizer "eu não julgo", tinha sempre uma coisa me incomodando bem de leve, algo que ficava como um rumor, uma aresta. O que era? Uma vez ou outra, alguém mandava uma mensagem dizendo: "Lara, e se você vir que uma criança foi morta pelos pais? Você não julga esses pais?" E era incômodo para mim, porque eu tinha que responder, numa ética assumida, "eu não julgo", porque, afinal, essa era a minha frase. Eu pensava: "Não", mas, aí, eu meio que julgava, sim, e eu tinha que falar "eu não julgo". Se alguém falava: "Mas e se um cara estupra uma mulher, você não julga?" Poxa, tenho que responder que eu não julgo porque, afinal, eu não julgo, mas... Eu acho que eu julgo, sim. Eu tinha esse incômodo.

DX – A narrativa não se completava.

LN – Não se completava. Eu sabia que eu "tinha" que dizer isso, era um ponto seguro para mim, mas, em questões como aquelas, isso me incomodava em um nível... "Certo, eu vou dizer, mas, estranho, porque aí eu acho que eu julgo, sim" (risos). Só que eu sabia que não podia ter um ponto de corte: ou eu julgo, ou eu não julgo. Depois, a Rand entrou e eu entendi o ponto de corte. Vou chegar lá. Eu falava: "não julgo". Eu li, no seu livro, aquela parte "sobre o julgamento" – se eu já postei essa parte na minha conta no *Instagram* cem vezes, foi pouco –; logo que eu li, já estava todo grifado, escrito, eu postei e falei: "está aqui, acabou, achei qual era a resposta para o que me incomodou a vida toda". Sim, nós julgamos, nós temos que fazer o julgamento. Isso faz parte da construção do eu. Isso faz parte de você ter uma moralidade, de você ter certo e errado, de não cair na relativização do "é válida toda forma de amor". Eu falei disso com uns amigos que, quando nós falamos que é válida toda forma de amor, nós achamos que estamos nos referindo, por exemplo, ao amor *gay*. Porque, tecnicamente, o *mainstream* seria hétero e aí nós falamos que toda forma é válida para justificar o amor *gay*. Não é isso. Quando nós dizemos isso, nós abrimos precedente para aquela galera que é pedófila ou zoófila falar: "Ah, é minha forma de amor", o extremo da relativização, do fim do certo e do errado ou do justo e do injusto. Não, não é válida toda forma de amor. Quando eu li, estava escrito: você precisa fazer o julgamento de valor, você deve estabelecer racionalmente a referência para fazer esse julgamento de valor. O que acontece, aí é o ponto, é: você não precisa emitir esse julgamento. Eu escrevi isso no meu caderno: o julgamento de valor deve ser feito, ele só não precisa ser exposto. Por quê? Porque é irracional você pensar que foi dada a você a missão, ou seja, que você é o missionário incumbido da tarefa de salvar as almas das pessoas, de tornar públicos os seus julgamentos. E quando nós tomamos essa postura de missionários, quando nós dizemos: "eu sei algo que você não sabe, eu sei melhor, você não sabe, deixa eu te salvar'", é nesse ponto que ultrapassamos um limite. Certo, entendi que eu tenho que julgar, entendi que fulano está errado, logo, vou falar sobre isso porque, afinal, eu sou um portador, um missionário que leva essa mensagem. Não, não é. Ninguém elegeu você o justiceiro da vida alheia. Ninguém elegeu você o missionário. Esse valor é importante para você, no entanto, você não precisa necessariamente colocá-lo toda hora para fora, não. Para mim, foi isso; essa é a parte mais linda. Essa é a parte que eu mais me encontrei em Rand na vida.

DX – Entendo agora a curiosidade de tanta gente sobre esse seu parecer sobre julgar ou não julgar. Lara, queria ouvir você também sobre outro ponto. Nós trabalhamos muito, eu vejo você sempre trabalhando muito. Divulgamos ideias ancoradas em autointeresse, responsabilidade, liberdade. Em valores que fazem pessoas e nações inteiras melhores, mais prósperas. E a minha pergunta é a seguinte: será que as coisas estão realmente andando no Brasil? Eu vejo um movimento de crescimento de cultivo daqueles valores, de maior apreço por eles... vejo as pessoas mais interessadas. Confesso ter um bom prognóstico. Estamos a falar de uma autora que era praticamente desconhecida no Brasil e que agora tem livros esgotados nas livrarias... o nosso Ayn Rand da Breves Lições é um *best-seller*. E ele faz parte de uma coleção maior com outros livros que também experimentam sucesso.

LN – Sim, a coleção é fantástica.

DX – Tem Sowell, Hoppe, Hayek e outros por aí, Rothbard, Mises. Aliás, o livro *As Seis Lições do*

Mises é o mais vendido em economia no país. Mas, paradoxalmente, quando você olha para algumas reações sistemáticas do brasileiro, em seu todo, alguém pode pensar: "caramba, nós vamos ter que andar muito até construirmos um país à altura do que nós queremos". Qual é a sua impressão? Você quem tem centenas de milhares de seguidores, muito engajados, você acha que vai, Lara? Pela experiência que você tem.

LN – Quero partir dessa tua pergunta, primeiro, para falar sobre: será que estamos prontos ou não. Vou fazer uma analogia com um exemplo que eu vivi, quando eu era mais nova e que, para mim, é perfeito. Eu lembro que, quando eu tinha catorze, quinze anos, não era do jeito que é hoje, tão tranquilo de falarmos e demonstrarmos uma relação homossexual, por exemplo, na frente de todo mundo. E eu falo isso porque foi algo muito presente na minha vida, porque absolutamente todos os meus amigos são *gays*. Todos. Eu tenho uma amiga hétero, todos os outros são *gays*. Nós nos divertimos. Quando eu era novinha, não era como é hoje. Hoje, nós saímos todo mundo junto. Os meninos estão todos de casal e está todo mundo de mãos dadas. Isso porque eu moro em São Paulo; eu sei que, às vezes, no interior, é ainda um pouco mais difícil. Mas aqui é muito tranquilo. Eu não vivi essa época, eu vivi a época em que não era tranquilo. Lembro que estávamos vivendo essa época, na qual não era algo tranquilo, e na qual o meu amigo, Thales, não podia andar de mãos dadas com o Gustavo, que é o marido dele. O meu outro amigo Eric, não podia andar de mãos dadas com um menino, isso simplesmente não era aceito ou bem visto. E nós estávamos lá, vivendo esse momento, e eu me lembro do argumento que algumas pessoas usavam, elas diziam: "A sociedade não está pronta para isso". E todo mundo repetia isso. Pois bem, uma vez, nós nos reunimos em casa, para encontrar os amigos, e veio um casal de amigos *gays* que eram bem mais velhos. Um deles tinha quarenta e cinco anos e outro tinha quase cinquenta, e nós éramos bem jovens, todos com menos de vinte anos. Um dos membros desse casal mais velho falou uma frase e eu lembro porque aquilo me marcou tanto, eu nunca vou esquecer. Nós estávamos, de repente, falando sobre as pessoas não estarem prontas, meu avô não está pronto, minha avó não está pronta... – nós dávamos os exemplos. E aí, esse casal, mais velho, dois homens, disseram: "Eu entendo que eles não estejam prontos. A questão é a seguinte: eu estou com quarenta e cinco, cinquenta anos. Não dá para esperar eles ficarem prontos para eu ser feliz. Eu estou com o meu marido, não dá para esperar. Porque, vamos supor que eles vão ficar prontos em um tempo luz, como em dez anos. Nós não vamos poder ir ao cinema de mãos dadas por dez anos porque as pessoas não estão prontas? Não dá para esperar". E isso ficou na minha cabeça. Quando você me pergunta se nós estamos prontos ou não para a Rand, eu penso a mesma coisa. Desculpa, se nós não estamos prontos, nós vamos ter que ficar, porque não dá tempo. Eu estou com trinta e dois anos, eu não vou esperar vinte anos para a Rand ser, finalmente, muito bem entendida, para eu, com os meus cinquenta anos, começar a ver os louros. Não, eu quero colher os louros agora. Se a galera não está pronta, ela vai ter que ficar. "Mas nós precisamos de mais tempo". É, eu sei, nós *precisamos* de muitas coisas na vida, mas, às vezes, não dá. Às vezes, tem que ficar pronto bem rápido. Como eu sei que isso que eu estou falando está certo? Como eu sei que isso não é uma medida ditatorial? Porque tem funcionado. É o que você falou, tem funcionado. Eu postei o seu livro, mas eu já postei muita coisa que não foi para frente. De vez em quando, eu uso um batom e falo que o batom é muito legal, mas o batom não vai para frente. Mesmo porque eu não trabalho com a *Internet* do ponto de vista de publicidade; eu não faço nenhum tipo de anúncio visando a um lucro. Talvez, algum dia, eu faça parcerias, mas neste momento não faço. Logo, tudo que eu mostro são coisas de que realmente gosto e que não estou ganhando nada para mostrar. De repente, eu já mostrei várias coisas, pessoas, serviços, ideias e não foram para frente. Mas, quando eu postei esse livro [*Ayn Rand e os Devaneios do Coletivismo*], desde quando eu postei trechos desse livro, apareceram pessoas mostrando que o estão lendo. São pessoas que não só foram influenciadas pelo livro, de que gostaram, mas que acharam que era tão importante a ponto de postarem também e falarem "leiam este livro". E o emoji que mais usam para falar do livro é o da cabecinha fervendo (risos). As pessoas postam a capa do livro e escrevem "a minha cabeça está fervendo, caramba, é isso, o que eu pensei?" Eu acho que, primeiro, não dá para esperar todo mundo ficar pronto e, segundo, se todos que veem, e que dão sequência a isso, estão achando legal, é porque estamos prontos, sim.

DX – É verdade, maravilhoso. Não consigo mesmo deixar de acreditar na possibilidade de construirmos um país muito melhor... e que essa mudança não se dará pelo "todo", mas por esforço individual. Aliás, este é um ponto central da filosofia objetivista: ela é profundamente anticoletivista, contrária à ideia de submeter qualquer indivíduo a uma suposta "consciência coletiva", de grupos, Estados, movimentos. Não existe consciência coletiva, mas consciências de indivíduos. É fantástico poder saber dessa repercussão de Rand, dessa reação em cadeia. Eu dou aula desde os meus dezenove anos. Eu comecei a dar aula no Ensino Médio, no Pré-Vestibular. Às vezes, eu falava de algumas filosofias em sala e via menino chorando, porque a filosofia é isso: ela te afasta das margens do conforto, mexe com alicerces (veja o que Rand fez conosco, por exemplo). Não é porque a aula era tão ruim a ponto de o cara chorar (risos), é porque a Filosofia tocava o menino em suas construções mentais. Lembro, certa vez, de ter ministrado aula sobre Sartre, sobre estarmos condenados à liberdade, e, quando olhei para o fundo, vi uma menina chorando muito. Eu perguntei o que havia acontecido e ela falou que nunca tinha imaginado poder pensar assim. E quando eu estava gravando a aula para o curso da Ayn Rand, tinha uma produtora e o câmera. Nas pausas, eu falei que eles eram os meus alunos e perguntei como estava indo. Eles falaram que estavam chocados com essa mulher. É um negócio completamente surreal. E eu sempre conto essa experiência: eu fiz o meu Doutorado na Itália, fiquei três anos lá. E eu morava em um prédio da universidade que era compartilhado com outros alunos doutorandos, também. E tinha um rapaz da Mongólia, um amigo meu, que fazia Doutorado em Educação. Nós ficamos muito amigos, um cara extraordinário, de um país e de uma cultura magníficos. Um dia, no teatro da cidade, iam apresentar o *Réquiem*, de Mozart, uma peça que eu amo. É um espetáculo muito forte. E eu o chamei, "vamos assistir". Ele desprezou o convite, achava aquilo tudo uma bobagem, por ser música erudita do Ocidente... havia ali um preconceito muito bem estabelecido. Eu falei para ele não discutir e ir comigo, "vamos e experimenta". Bom, para quem já foi a uma apresentação de música clássica, música erudita, eles aquecem os instrumentos antes de abrirem os panos. Na hora que começaram a aquecer os violinos, as cordas, esse meu amigo começa a se mexer na cadeira, incomodado. Quando começa o coro, ele começa a chorar, extasiado com a experiência estética daquele momento. Muitas vezes, tudo o que a pessoa precisa é de um momento de concessão: "ok, deixa eu ler esse negócio", "deixa eu ouvir esse tipo de música que nunca ouvi antes". Eu não conheço uma só pessoa arrependida por ter conhecido Rand, bem como não conheço um ex-liberal. Uma vez que você se dá a chance de conhecer, já era!

LN – Fantástico isso, Dennys, são experiências marcantes que dizem muito.

DX – Essa experiência me marcou, porque é a experiência que eu tenho com o discurso da liberdade, que é muito forte em Ayn Rand. A Rand tem esse talento que muitos outros filósofos não tiveram.

Às vezes, apostaram demais em uma linguagem hipertécnica, que não chega às pessoas. As pessoas se sentem intimidadas, pensam que vão ter que estudar cinco idiomas.

LN – Não sentem a conectividade com o discurso. Não conseguem se identificar no discurso.

DX – Exato. É uma característica própria da Rand, o fato de as pessoas se tornarem permeáveis ao discurso dela. De falarem: "Caramba! Eu quero conhecer esse negócio, porque todos estão falando... deixa eu dar uma olhada", mesmo com essa característica da literatura eventualmente truncada em algumas linhas.

LN – É isso que eu ia falar, a literatura é mais truncada, mas a todos que estão tendo o primeiro contato com Rand: existem milhares de vídeos dela no *YouTube*. Ela mesma, em primeira pessoa. E, quando você vê, ela é, além de tudo, muito engraçada. É bacana vê-la tentando falar inglês. Ela fala, mas sofre divertidamente com a língua. É gostoso. Há algumas piadas que ficam engraçadas porque ela não fala inglês tão bem. Eu acho que, como todas as outras pessoas, a Rand é assim: você conhece o texto e é um negócio; você conhece a pessoa e entende. Acho que, de todas as pessoas que eu conheço nessa vida, eu sou a que mais sofre com isso. Uma pessoa que tem mais contato comigo, de repente, por um texto, ou por um vídeo solto, não entende, mas, quando conversa comigo, entende. Isso é legal. Mas, posso fazer uma pergunta para você sobre isso? Eu estou reservando essa pergunta.

DX – Claro, pode falar.

LN – Quando você me convidou para conversarmos sobre isso, ficou uma pergunta na minha cabeça, que é uma pergunta que todos me fazem. E, na verdade, quem fala sobre Rand, fala comigo sobre isso; fazem essa pergunta e eu nunca respondi. Essa pergunta sempre vem pelo *Instagram* e eu nunca a respondi, apesar de saber o que diria. Hoje, eu fiquei com ela na minha cabeça e queria saber qual é a sua resposta. Depois, eu posso partilhar a minha. Bom, as pessoas me perguntam: "Tem alguma coisa de Rand de que você discorda cem por cento?" Calma, não responde rápido, pensa. Porque, da primeira vez que eu li essa pergunta, eu queria responder que não, mas é mentira. Hoje, eu tenho uma coisa de que eu discordo.

DX – Você já tem? Já escolheu uma?

LN – Tenho, vou falar. Vou falar primeiro e você vai pensando qual é a sua. Bom, eu só não respondia que não discordava, de cara, porque eu sabia que não seria certo. Eu não li tudo dela, não teria certeza. Terminei o *Anthem* [*Cântico*], ainda vou ler mais, claro. De repente, ainda têm coisas. Vou falar a minha e você vai pensando.

DX – Conta para mim, essa eu não sabia.

LN – É, eu nunca falei sobre isso, mesmo. Até hoje, de tudo que eu já a vi falar, de tudo que já a vi escrever, uma coisa que me pega, e isso eu vi muito mais nas entrevistas que ela deu do que nos escritos dela. Nessas entrevistas que eu inclusive citei, que estão no *YouTube*, em uma ou duas delas, a Rand é muito taxativa ao ter uma postura mais ateia do que agnóstica. Ela nunca, em hipótese alguma, abriu a possibilidade para dizer "devem existir coisas que eu não sei". Por que ela faz isso? Por que ela é ignorante? Não, porque ela parte de uma premissa que é a seguinte: eu não acredito em nada que não tenha evidências. Basicamente, ela é o [Carl] Sagan (risos). A Rand e o Sagan são os grandes amores da minha vida. O Sagan[68], você tem que ler.

DX – Maravilhoso! Na verdade, nisso também estamos juntos: sou fã total de Carl Sagan. Meu pai tinha tudo dele em casa e eu consumi aqueles livros aos montes.

LN – Esse livro, *O Mundo Assombrado pelos Demônios*, foi um dos primeiros que eu li e eu amo esse livro. É genial.

DX – É genial. O combate à pseudociência, o cultivo do ceticismo. Sou um cara feliz lendo Sagan (risos).

LN – Enfim, o Sagan e ela [Rand], eles têm isso muito forte, que é o: não tem evidências, logo, não existe. Eles não estão errados e eu compartilho dessa visão. A questão é a seguinte: o que eles estão dizendo é uma parte da frase. Eles param nessa parte. Eles dizem: "Não tem evidência, não acredito". Isso não está errado, é que nós vamos interpretar isso errado.

---

[68] Carl Sagan (1934-1996) cientista e escritor norte-americano, especialista em Astrofísica e Astronomia.

Eu, Lara, por exemplo, na minha humilde ignorância, vou um pouquinho além: "Não existe evidência, eu não acredito". Aí, eu começo outra frase: "No entanto, eu considero que pode haver coisas que eu não sei da evidência e elas podem existir, bem como suas evidências, e eu não estou certa de afirmar que não existem". Entende?

DX – Sem dúvida. É a postura do agnóstico. Como está na própria raiz da palavra: a-gnose, não conhecer, reconhecer que não sabemos tudo, que pode haver instância de realidade para além de nossas possibilidades de compreensão.

LN – A parte que eu não concordo com a Rand é essa certeza. Aliás, não é certeza. Eu sei que, se eu conversasse com ela – sonho da minha vida, tomar uma bebida com ela – ela diria: "Não, entendi. Eu também". Mas ela não passa isso. Quando ela vai falar, no discurso, ela é dura, ao dizer que não existe. Porque o entrevistador pergunta a ela: "Você não acha mais legal falar que você não sabe?" Ela fala: "Não, eu acho legal falar que não tem". Ela é dura. Eu entendo o ponto, mas eu, talvez, por ter rede social, eu já entendi que eu não posso falar assim. Tem que ser: "Não, eu sei que não tem, mas, de repente, tem". Ela, no entanto, é taxativa.

DX – É, eu não sei se isso vem da experiência soviética/coletivista dela. Uma experiência muito dura, que moldaria o caráter de qualquer pessoa.

LN – Pode ser isso sim.

DX – Essa mulher viveu horrores. Pensa, Lara, entrarem no seu apartamento e falarem: sou agente do Estado.

LN – "E agora esse apartamento é nosso. Outras pessoas vão morar nele".

DX – "Aqueles caras que estavam trabalhando com você, na sua empresa, agora, vão morar aí com você, e a sua empresa não é mais sua". Eu acho que isso fez dela uma mulher de uma fibra que, às vezes, transborda nessa forma de comunicar. Talvez, mesmo naquela forma obstinada de afirmar seu ateísmo. A filosofia objetivista é a de um herói. Vivê-la talvez seja mais uma busca, uma aproximação qualitativa. Rand conseguiu viver plenamente a sua filosofia?

LN – Sem medo nenhum, eu afirmo que não, porque ninguém consegue. Mas isso tudo que você está falando, eu vou dizer que, inclusive, é um argumento de que nos apropriamos da filosofia do próprio militante. Porque eu tenho dois ou três amigos que são esquerdistas roxos. E quando eu digo que tenho dois ou três, não é porque eu selecionei. Todos os meus amigos estão lá e dois ou três são. Eu, realmente, não tenho esse preconceito, mesmo. No pessoal, não. Na *Internet*, eu tenho (risos). Eu bloqueio todo mundo, porque quero ficar em paz. No entanto, na vida, convivo com todo mundo. Esse papo de "temos que ouvir tudo"... Não! Na *Internet*, não; na *Internet* é paz. Aqui [vida pessoal], eu topo. Eu tenho três amigas que são as minhas canhotas favoritas. A Lali é aquela canhota da UNESP, cuja mãe é professora de Literatura e ela fez Ciências Sociais. E se tem uma coisa que eu aprendo com a Renata, Lali, com a Tássia, com todas as meninas que são de esquerda, é que elas sempre dizem – quando eu falo para elas que o lance do feminismo é exagerado demais, que não sei como elas topam isso – a frase: "Lara, é importante o extremo para estabelecer o meio". Elas mesmas sabem que aquilo está exagerado, mas a importância de pôr um exagero, que nós falamos "certo, eu entendi que existe um exagero, logo, eu topo negociar o exagero e chegar a um meio termo", entendeu? De repente, quando você estava falando isso, eu pensei se não era o caso da Rand. Nós nunca vamos saber, porque ela já se foi, mas, de repente, era isso. Por isso que eu falei que, se eu me sentasse para tomar uma bebida com ela, talvez, ela dissesse: "Não, Lara, eu concordo". Mas, ali, na televisão, na frente de uma turma, para poder estabelecer um extremo, a fim de conseguir um meio, ela pudesse falar: "Não tem, eu sei que não tem". Porque, de repente, é só vendo uma mulher falar isso que eu vou falar: "De repente, não tem".

DX – Isso é muito aristotélico! Diante de uma situação extrema, seja por um defeito resultante de falta ou excesso, para atingir um ponto de virtude, uma mediania, você tem que apontar para o sentido contrário. No dia em que nós fomos almoçar, você pegou uns exames meus e falou: "Não, Dennys, está cheio de açúcar nesse sangue, você vai ter que cortar isso". Não me disse: "ok, pode apenas diminuir o açúcar" (risos).

LN – Mas é isso, quando nós, nutricionistas, fazemos uma prescrição, nós já estamos contando com o fato de que o paciente não vai fazer cem por cento e, por isso, nós estabelecemos o extremo, taxativamente.

DX – Para mim, está muito claro que você é uma nutricionista tirana randiana (risos).

LN – Tem que ser mesmo. Só vai ser tirano quem é marxista? (risos).

DX – Lara, queria agradecer muito a você. Você é um exemplo e eu agradeço o trabalho que faz, em nome da Rand em especial. Mas não só, porque, indiretamente, você está fazendo pela Filosofia. Você, e tantos amigos nossos que trabalham nas redes sociais, que trabalham nesses espaços virtuais, que eu considero ser a nova *Ágora*. Nesse espaço, que é a nova *Ágora*, vocês fazem muito mais do que nós temos nas universidades do Brasil, tão combalidas. Você sabe que eu sou um cara que briga muito pelas universidades no Brasil, mas não adianta negar a realidade (seria bem não-randiano). Ter esse espaço paralelo, alternativo, é extraordinário, parabéns. Muito obrigado.

LN – Fico feliz. Foi muito bacana, de verdade, porque eu nunca esperei, Dennys, que eu fosse ver tamanho conteúdo em um livro. É realmente sensacional. Não só esse. O do [Friedrich] Hayek já li também. É muito bacana, porque eu cheguei a elogiar isso em você: não existe, eu não conheço uma pessoa com a capacidade maior de assimilação e de síntese do que você. Pode ser que tenha, no entanto, não conheço. Sou agnóstica também nesse caso. Não conheço. É fantástico o trabalho que você fez. Imagino que, talvez, você não tenha em vida o mérito que, realmente, tem. Parabéns, muito obrigada por, na vida, ter me dado uma chance de conversar com você. Você é sensacional e eu estou extremamente honrada.

DX – É tudo recíproco. Você tem em mim um admirador. E é isso; nós gostamos de Filosofia, gostamos dessas coisas altas e eu acho que é por isso que nós nos damos tão bem. Beijão para você e vamos nos falando, sempre. Obrigado por ter trocado essa ideia, eu tenho certeza de que o pessoal gostou muito. Foi um grande prazer.

LN – Foi muito gostosa essa conversa, espero que gostem tanto quanto nós.

POSTSCRIPTUM DE LARA NESTERUK

Foi em uma conversa despretensiosa com um primo querido que apareceu a questão "o que você tem a perder?" – o assunto era "crer ou não crer". Confesso que, no momento em que a justificativa da proposta foi lançada à mesa, não soube como responder. Saí daquela conversa certa de que ainda não havia explorado a fundo a questão. Talvez por isso, na ocasião da conversa com o Dennys, tenha dito que o único ponto que me incomodava no discurso "randiano" era a afirmação assertiva sobre a não-existência de um plano espiritual. Pois bem, refeita do susto (não costumo ser pega de calças curtas em assuntos existenciais), sentei-me diante do meu caderno de anotações e escrevi na primeira linha daquela página em letras garrafais:

O QUE VOCÊ TEM A PERDER?

A pergunta, na ocasião, veio depois do raciocínio, claro. Segundo meu primo, ao final da vida, se nada realmente existisse, um crente não teria graves perdas enquanto um descrente teria recusado a vida eterna em "bons panos" – termo por mim acrescentado. Talvez, pelo calor do momento, eu tenha falhado em pensar (e responder) o óbvio, ou talvez tenha realmente sido relapsa ao não pensar sobre o básico: ao abrir mão da razão, habilidade que integra aquilo que é obtido pelos sentidos do homem, há MUITO o que se perder, segundo Rand: "negar a razão é negar a realidade e isso é negar a existência".

"A existência existe", princípio metafísico básico, ou para os familiarizados com as divertidas e intensas entrevistas de Rand em programas de televisão da época: A = A, é justamente o que mantém a sanidade em tempos de loucura e quando homens renunciam à sanidade, sobrevêm tempos de guerra. Foi só depois de me sentar para organizar as ideias que me lembrei de uma nota brilhantemente escrita pelo André Assi Barreto, na apresentação de *Cântico*, versão traduzida, por ele, de *Anthem*, em que ele explica que problemas de epistemologia devem ser resolvidos a partir de elementos de responsabilidade metafísica, ou seja, é a união dos conceitos de EXISTÊNCIA (baseada na realidade objetiva), CONSCIÊNCIA (compreensão da existência) e de IDENTIDADE que compõe a resposta da pergunta "o que eu teria a perder?". Foi assim que, numa tarde de sexta-feira, acabei escrevendo uma mensagem quase que envergonhada para o Dennys: "Você se lembra do que eu disse naquela *live* sobre o que havia na filosofia randiana e eu não concordava? Pois é – MUDEI!"

Renunciar à realidade concreta por uma suposição é apostar demais e em apostas, você sabe, a banca sempre leva uma parte, quando não tudo.

REFERÊNCIAS BIBLIOGRÁFICAS

BERTI, Enrico. *As razões de Aristóteles*. São Paulo: Loyola, 1998.

BIDDLE, Craig. *O que é o Objetivismo?* Site Objetivismo, 14 de maio de 2017. Disponível em: https://objetivismo.com.br/artigo/o-que-e-objetivismo/. Acesso em: 02 de dez. 2020.

BRANDEN, N. Saúde mental versus misticismo e autossacrifício. In: RAND, Ayn. *A virtude do egoísmo*. São Paulo: LVM Editora, 2020.

CONTIN, Roberta. *Como percebo a realidade?* Site Objetivismo, 02 de fevereiro de 2020. Disponível em: https://objetivismo.com.br/artigo/como-percebo-a-realidade/. Acesso em: 11 de nov. 2020.

CRUZ, Paulo. O Black Lives Matter e o racismo ideológico. *Gazeta do Povo*, 01 de agosto de 2016. Disponível em: https://www.gazetadopovo.com.br/opiniao/artigos/o-black-lives-matter-e-o-racismo-ideologico-3csvvpn12pv9ffejjqgqaw00f/. Acesso em: 05 de nov. 2020.

DIÓGENES LAÉRCIO. *Vidas e doutrinas dos filósofos ilustres*. Tradução de Mario da Gama Kury, UnB.

HICKS, Stephen. *Reflexões sobre a ética do egoísmo racional*. Site Objetivismo, 30 de janeiro de 2018. Disponível em: https://objetivismo.com.br/artigo/reflexoes-sobre-a-etica-do-egoismo-racional/. Acesso em: 03 de dez. 2020.

JAEGER, Werner. *Paideia*: a formação do homem grego. São Paulo: Martins Fontes, 1995.

LALANDE, André. *Vocabulário técnico e crítico da filosofia*. São Paulo: Martins Fontes, 1996.

LOCKE, Edwin. *A única cura para o racismo*. Site Objetivismo, 03 de setembro de 2017. Disponível em: https://objetivismo.com.br/artigo/a-unica-cura-para-o-racismo/. Acesso em: 10 de nov. 2020.

RACHEWSKY, R. *O Objetivismo é uma filosofia radical?* Site Objetivismo, 15 de outubro de 2020. Disponível em: https://objetivismo.com.br/artigo/o-objetivismo-e-uma-filosofia-radical/. Acesso em: 02 de dez. 2020.

RAND, Ayn. *A revolta de Atlas*. São Paulo: Arqueiro, 2010.

_____. *A virtude do egoísmo*. São Paulo: LVM Editora, 2020.

_____. *Capitalism: the unknown ideal*. New York: Signet (Penguin Group), 1967.

_____. *The Ayn Rand Lexicon: Objectivism from A to Z. For the New Intellectual*, Ayn Rand Library: 1988.

REALE, Giovanni. *Metafísica*: ensaio introdutório. v. 1. São Paulo: Loyola, 2001.

SASSI, Maria Michela. *Os inícios da filosofia*: Grécia. São Paulo: Loyola, 2015.

SPINELLI, Miguel. *Filósofos pré-socráticos*. Porto Alegre: EDIPUCRS, 1998.

VERNANT, Jean-Pierre. *As origens do pensamento grego*. Rio de Janeiro: Bertrand Brasil, 1996.

_____. *O Universo, os deuses, os homens*. São Paulo: Companhia das Letras, 2000.

XAVIER, Dennys G. *Ayn Rand e os devaneios do coletivismo*. São Paulo: LVM Editora, 2019 (Coleção Breves Lições).

_____. *Com Sócrates para além de Sócrates*: o *Teeteto* como exemplo de teatro filosófico. São Paulo: Annablume, 2015.

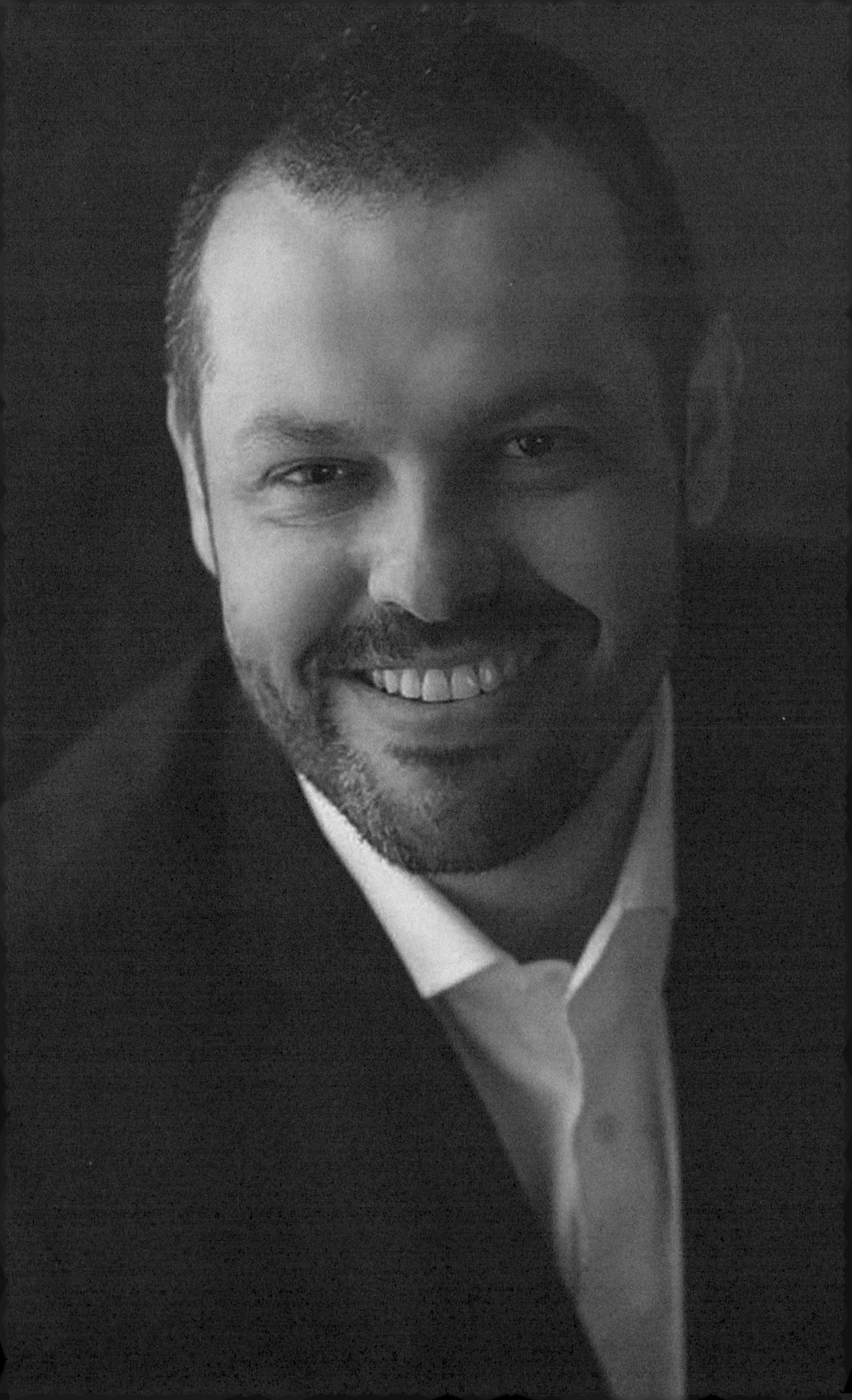

SOBRE O AUTOR

Autor e tradutor de dezenas de livros, artigos e capítulos científicos, Dennys Garcia Xavier é Professor Associado de Filosofia Antiga, Política e Ética da Universidade Federal de Uberlândia (UFU). Professor do Programa de Pós-graduação em Direito (UFU). Tradutor nos idiomas inglês, espanhol, italiano, grego antigo e francês. Graduado em Filosofia, pela Universidade Federal de Uberlândia (UFU), e mestrado em Filosofia, pela Universidade Estadual de Campinas (FAPESP/UNICAMP). É Doutor em *Storia della Filosofia*, pela Università degli Studi di Macerata (CAPES, Itália), sob orientação do prof. Maurizio Migliori. Fez estágios de pesquisas Pós-doutorais em História da Filosofia Antiga, pela Universidade de Coimbra, e em Filosofia, pela PUC-SP. Tem passagens de pesquisa pela Universidad Carlos III, de Madrid, Universidad de Buenos Aires, Trinity College Dublin, Università "La Sapienza" di Roma e Università di Cagliari. Membro da *International Plato Society*. Membro da Sociedade Brasileira de Estudos Clássicos (SBEC). Membro do GT Platão e Platonismo da ANPOF. Membro do Centro do Pensamento Antigo (CPA-UNICAMP). Membro fundador do "Núcleo de Estudos em Filosofia Antiga e Humanidades" (NEFAH), da Universidade Federal de Uberlândia (UFU). Ex-Presidente da Sociedade Brasileira de Platonistas (SBP). Foi Assessor Especial – Nível 1 – Diretor da Diretoria de Processos Seletivos da Universidade Federal de Uberlândia. Coordenou o Programa de Pós-graduação em Filosofia da Universidade Federal de Uberlândia (UFU). É Coordenador do Projeto Pragmata, no qual são pesquisados problemas e soluções liberais (operadas pelos países mais bem colocados em *rankings* internacionais de qualidade escolar) para a educação brasileira. Foi condecorado com o Prêmio "Embaixador de Uberlândia", pelos serviços prestados no âmbito científico (Uberlândia *Convention & Visitors Bureau*). Dennys Xavier é ainda membro do Corpo de Especialistas do Instituto Mises Brasil, coordenador/autor da série *best-seller* "Breves Lições" (LVM Editora), que divulga o pensamento de autores liberais/conservadores não contemplados pelos currículos de universidades do país. É o atual Diretor Acadêmico do Instituto Mises Brasil (IMB) e, na condição de esportista, foi também membro das Seleções Mineira e Brasileira de Natação, tendo vencido diversos campeonatos nos âmbitos estadual, nacional e internacional.

ÍNDICE REMISSÍVO E ONOMÁSTICO

A

Ação afirmativa, 127
Ágora, 43, 47, 190
Alemanha, 131
América do Norte, 174
Anaximandro (c. 610 – c. 546 a.C.), 43
Andrônico de Rodes (séc. I a.C.), 71
Anthem [Cântico], de Ayn Rand, 185, 192
Antiguidade helênica, 142
Apolo (mit.), 56
Apologia de Sócrates, de Platão, 36
Aristóteles (c. 385/384-322 a.C.), 15, 25, 27, 29-30, 49, 55, 62, 72, 76, 89-90, 141, 157-63, 173
Atlas Shrugged, ver *A Revolta de Atlas*
Ayn Rand e os Devaneios do Coletivismo, de Dennys Garcia Xavier (org.), 17, 165-68

B

BBC de Londres, 53
Biddle, Craig, 67
Black Lives Matter, 131

Brahms, Johannes (1883-1897), 126

Branden, Barbara (1929-2013), 108, 113

Branden, Nathaniel, nascido Nathan Blumenthal (1930-2014), 108

C

Capitalismo *laissez-faire*, 131, 139

Coleção Breves Lições, 17, 173, 178, 196

Contin, Roberta, 84

D

Dalrymple, Theodore, pseudônimo de Anthony Malcolm Daniels (1949-), 167

Declaração de Independência do intelecto, 159

Deméter (mit.), 38

Departamento Oxford Dictionaries, 51

Diógenes Laércio, 25

"Divina mania", 35, 41

E

Egito, 48

Egoísmo virtuoso, 18, 93, 107

Elder, Laurence "Larry" Allen, (1952-), 132

Empeiria, 82, 161

Éolo (mit.), 33

Eros (mit.), 33

Estados Unidos, 76, 134, 160

Ética a Nicômaco, de Aristóteles, 54, 157

Ética coletivista, 108, 114, 117, 120

Ética do Altruísmo, 100, 103

Ética objetivista, 89, 98, 103, 108, 145-46, 151

Eudaimonia, 62, 142, 158

F

Filosofia antiga, 15, 23, 173

Filosofia objetivista, 44, 53, 166, 171, 182, 188

Filosofia randiana, 193

Física, de Aristóteles, 72

G

Garschagen, Bruno, 167

Goethe, Johan Wolfgand von, (1749-1832), 126

Grécia, 25, 30-31, 37, 42-43

Guerra de Tróia, 31

H

Hayek, Friedrich August von (1899-1992), 179, 190

Hélade, ver Grécia

Hemingway, Ernest Miller (1899-1961), 171

Hesíodo (séc. VIII a.C), 24, 31, 42-43

Hicks, Stephen (1960-), 94, 96

Homero (c. 928-c. 898 a.C.), 24, 30-33, 36, 42-43, 49, 142

I

Ilíada, de Homero, 31-32, 35, 142

Instagram, 166, 169, 177, 185

Instituto Mises Brasil, 17, 113, 165

Íon, de Platão, 36

Israel, 53

Ítaca, 31

Itália, 183

J

Jaeger, Werner Wilhelm (1888-1961), 48

Jônia, 43

K

Kant, Immanuel (1724-1804), 110

L

Laerte, personagem de Homero, 32

Locke, Edwin A. (1938-), 126
Lógos, 30, 41, 52, 57, 59, 98

M

Manuscritos do Mar Morto, 53
Metafísica, de Aristóteles, 27, 29-30, 72, 141
Metá tá physiká, 72, 161
"Milagre grego", 27
Mileto, 25, 28, 37
Mito, 28-30, 32-34, 41
Mito religioso, 36-38, 40
Mnemosyne (mit.), 33-35
Mongólia, 183
Mozart, Wolfgang Amadeus (1756-1791), 183
Mundo Assombrado Pelos Demônios, O, de Carl Sagan, 186
Museu de Israel, 53

N

Nascente, A, de Ayn Rand, 168
Nascimento da Filosofia, 18, 23, 27-28, 38, 42, 44, 46, 53, 58
Nesteruk, Lara, 19-20, 165-91

O

Objetivismo, 12-13, 16-18, 23, 67-68, 73-77, 85, 91, 129, 152, 161-63, 166
Ocidente, 18, 39, 53, 129, 183
Odisseia, de Homero, 31-33, 35
Odisseu, personagem de Homero, 31-32

P

Paideia, 31, 42, 55, 163
Paideia, de Werner Jaeger, 12
Passagem do Mito para a Filosofia, 41
Peirce, Charles Sanders (1839-1914), 51
Penélope, personagem de Homero, 31-32

Pergaminhos do Mar Morto, ver Manuscritos do Mar Morto

Peterson, Jordan B. (1962-), 167

Physis, 72

Pitágoras de Samos (c. 570 – c. 495 a.C.), 58

Platão (c. 428/427-c. 348/347 a.C.), 115, 25-26, 30-31, 33, 35-36, 49, 60, 162, 196

Playboy, 74

Pólis, 39-40, 42-43, 45-47, 50, 52, 158

Pragmatismo, 50, 52-54, 57, 59, 129, 162

Q

Qumran, Israel, 53

R

Rachewsky, Roberto, 74

Rand, Ayn, nascida Alisa Zinov'yevna Rozenbaum (1905-1982), 11-13, 15-19, 23, 53, 57, 60-62, 67, 71, 73-76, 78- 79, 81-82, 84, 87, 90-96, 98-01, 103-05, 107-08, 111-13, 115, 120, 123, 126, 133-34, 136, 143-46, 151-52, 157-58 161-63, 165-71, 173, 175, 177-78, 180, 182-90, 192

Razão, 30, 41, 52, 57-59, 62, 70, 75, 77-78, 82-88, 91, 94-95, 125, 137, 149-50, 157-58, 162-63, 169, 192

Reale, Giovanni (1931-2014), 72

Renan, Ernst (1823-1892), 27

Renascimento, 49

República, A, de Platão, 30

Réquiem, de Mozart, 183

Revolta de Atlas, A, de Ayn Rand, 17, 74, 83, 143, 168, 172

Revolução Industrial, 160

Russell, Bertrand Arthur William (1872-1970), 53-54

Rússia, 76, 112, 131, 171

S

Sabino, Fernando Tavares (1923-2004), 171

Sagan, Carl Edward (1934-1996), 186

Sartre, Jean-Paul Charles Aymard (1905-1980), 182

Schiller, Johann Christoph Friedrich (1759-1805), 126

Seis Lições, As, de Ludwig von Mises, 179

Sete Sábios, 25

Shapiro, Benjamin Aaron (1984-), 167

Sowell, Thomas (1930-), 132

T

Taleb, Nassim Nicholas (1960-), 167

Tales de Mileto (c. 624/623-c. 548-546 a.C.), 25-28, 37

Teeteto, de Platão, 36

Télos, 62, 142, 159, 169

Templo de Apolo em Delfos, 56

U

Ulisses, *ver* Odisseu

União Soviética, 76

Urano (mit.), 33, 52

Y

YouTube, 184, 186

Acompanhe a LVM Editora nas redes sociais

https://www.facebook.com/LVMeditora/
https://www.instagram.com/lvmeditora/

Esta obra foi composta pela Carolina Butler
na família tipográfica Palatino Linotype
pela Rettec para a LVM Editora em Outubro de 2023

Impressão e Acabamento | Gráfica Viena
Todo papel desta obra possui certificação FSC® do fabricante.
Produzido conforme melhores práticas de gestão ambiental (ISO 14001)
www.graficaviena.com.br